O HOMEM QUE VIVEU DEMAIS

volume 2

Coordenadora editorial: Tânia Lins
Coordenador de comunicação: Marcio Lipari
Capa, diagramação e projeto gráfico: Equipe Vida & Consciência
Preparação: Janaína Calaça
Revisão: Equipe Vida & Consciência

1ª edição — 1ª impressão
2.000 exemplares — abril 2024
Tiragem total: 2.000 exemplares

CIP-BRASIL — CATALOGAÇÃO NA PUBLICAÇÃO
(SINDICATO NACIONAL DOS EDITORES DE LIVROS, RJ)

P413h
v. 2

Pedro (espírito)
O homem que viveu demais, vol. 2 / Gilvanize Balbino ; pelo espírito Pedro. - 1.ed., reimpr. - São Paulo: Vida & Consciência, 2024.
256 p. ; 21 cm.

ISBN 978-85-7722-664-1

1. Contos. 2. Obras psicografada. I. Balbino, Gilvanize. II. Título.

24-89034 CDD: 133.93
CDU: 133.9

Este livro adota as regras do novo acordo ortográfico (2009).
Vida & Consciência Editora e Distribuidora Ltda.
Rua das Oiticicas, 75 – Parque Jabaquara – São Paulo – SP – Brasil
CEP 04346-090
editora@vidaeconsciencia.com.br
www.vidaeconsciencia.com.br

GILVANIZE BALBINO

pelo espírito Pedro

O HOMEM QUE VIVEU DEMAIS

volume 2

"Mestre, qual é o maior
mandamento da Lei?
Respondeu Jesus: 'Ame o Senhor, o
seu Deus, de todo o seu coração, de toda a
sua alma e de todo o seu entendimento'.
Este é o primeiro e maior mandamento.
E o segundo é semelhante a ele:
'Ame o seu próximo como a si mesmo'."

Mateus, 22:36-39[1]

"A chuva sempre foi as lágrimas de Jesus, mas lágrimas de felicidade, porque estamos vivos reajustando nossas existências."

Pedro

---

1 Nota da Médium: Os textos bíblicos foram extraídos de *A Bíblia de Jerusalém*, nova edição revista e ampliada. Paulus, São Paulo, 2002. As abreviaturas utilizadas nas citações bíblicas seguem as propostas na mesma obra.

Quem é Pedro?

Pedro, nativo do coração da África, filho único do rei de uma tribo, vivia com seus pais em harmonia. Um padre espanhol estabeleceu-se entre esses corações com o objetivo missionário de levar o Evangelho de Jesus Cristo àquelas paragens. Com ele, Pedro e seus pais tiveram conhecimento do Cristianismo e, entre suas crenças tão particulares e ritualísticas, converteram-se aos conceitos cristãos.

Em razão de uma guerra regional, a tribo de Pedro foi invadida por um grupo inimigo de seu pai. Sem misericórdia, após um triste cenário sanguinário, o padre e os pais de Pedro foram mortos, e ele, sem nenhuma piedade, foi vendido como escravo aos portugueses mercantes, que negociavam com o Brasil a mão de obra escravizada. Após uma viagem difícil, chegou ao Brasil, onde foi comprado por um fazendeiro. Ele, então, viveu nesta fazenda até o fim de seus dias.

Ao chegar lá, Pedro foi acolhido por uma velha escrava conhecida por Vó Lina, que o criou junto com um escravo chamado Simeão e uma escrava chamada Morena. Bem mais tarde, uniu-se a eles uma mulher branca chamada carinhosamente de Mãezinha. Juntos, esses corações viveram o sacrifício de serem estrangeiros em uma terra inóspita e, por vezes, cruel, onde venceram os martírios do tronco, da fome, da impiedade de muitos, da mentira, contudo, mantiveram-se fiéis à amizade e ao amor a Deus sobre todas as coisas.

Incontáveis vidas foram salvas pelas mãos bondosas de Pedro. Suas palavras, limitadas na fina letra, transformaram-se em um hino de coragem àqueles que haviam perdido a esperança e até mesmo a própria fé.

“Puxadas”, como assim falava Pedro, eram, na verdade, um grande exemplo de acolhimento aos filhos de Deus abandonados nas estradas por onde o escravo passava. Eram crianças filhas de brancos e negros rejeitados de toda sorte. Era nesses humildes casebres que Pedro ensinava o valor do amor, da divisão e, sobretudo, da paciência, mediante a demonstração de suas atitudes de renúncia e amor a Deus.

Sem criticar ninguém e sem mentiras, viveram ao seu lado homens e mulheres comuns, os quais seu amor incondicional amparava, por meio de seu conhecimento de uma medicina baseada em ervas e de sua grande habilidade em trazer à luz os filhos de Deus. Conhecido por muitos, sem conhecer quase ninguém, esse anjo do Senhor marcou positivamente a Terra, registrando esperança nas estradas pelas quais caminhou, carinho nos afagos que ofereceu aos sofredores do mundo, sem pedir absolutamente nada em troca, e respeitando a terra, porque, mesmo tendo oportunidade de ser proprietário de muitos alqueires, preferia carregar em seu bolso um punhado dela, somente para ter o singelo prazer de sentir seu cheiro.

Caros amigos, as lágrimas nessas lembranças não me são ausentes, portanto, encerro estas memórias saudando esse grande amigo, porque, ao seu lado, é impossível não absorver seus ensinamentos.

Bernard

Breve relato

Leitor amigo,

Retornar às suas mãos por meio das páginas descritas por esse coração amado, Pedro, é para todos nós uma bênção eterna, concedida pelas altas esferas celestiais.

Pedro é a representação de amor e bondade incondicionais. Em forma de histórias e contos, ele traz de maneira simples, mas jamais diminuindo sua grandiosidade, reflexões profundas para auxiliar cada filho de Deus em sua jornada evolutiva, por meio da reforma íntima.

Nestas páginas, você, leitor, encontrará o acolhimento característico desse coração bondoso que não julga ninguém, mas sempre estende as mãos para auxiliar o próximo para seguir adiante.

Unido aos ensinamentos de Jesus Cristo, os quais foram o caminho eterno que Pedro sempre trilhou, cada história é um convite a uma viagem interior, exaltando o amor, a caridade, a fé e, sobretudo, a bondade que Pedro representou, representa e representará sempre.

Independentemente dos momentos em que viveu na Pátria do Evangelho, o Brasil, Pedro, mesmo sendo um imigrante, foi um eleito do Senhor para trazer, manter e exemplificar as palavras do Evangelho no coração de todos nós.

Pedro traz como fatos centrais os ensinamentos de Jesus em sua essência, oferecendo a grande oportunidade de você, leitor, examinar, refletir e considerar o Código Divino, o Evangelho, como uma fonte renovadora em sua vida.

Longe de querermos ditar regras, aqui, humildemente, lhes ofertamos o exemplo de “Um Homem que Viveu Demais”, Pedro, que para nós foi, é, e será sempre mais que um amigo, mas um mestre, que ensina sem machucar e ama sem esperar nada em troca. Ao lado dele, somos apenas alunos de um grande professor de uma filosofia simples e magnânima em espírito e essência.

Convido-o, leitor amigo, para esta viagem, consciente de que a transformação de cada coração depende de coragem, fé e conhecimento, pois ele nos leva à verdade.

Senhor Jesus Cristo, por mais uma vez nossos corações se vinculam ao Seu, assim como aos daqueles ancestrais passados, que registraram em nossas memórias o encanto do amor, da paz e da coragem.

Acenda em nossas almas, por misericórdia, a chama viva da persistência, da esperança e da fé constante, para que nós possamos, juntos, alcançar os céus.

Senhor amado, a Sua promessa ainda é ouvida por nós, quando o Senhor havia dito que, quando dois ou três se reunissem em Seu Nome, o Senhor se faria presente.

Então, venha conosco, Senhor, acalentar os corações que choram e que clamam pelas Suas mãos e ensinar aqueles que rogam por sabedoria para libertação da própria ignorância em suas vidas.

Ferdinando

Apresentação

Queridos amigos, com o coração feliz, busco a essência de Jesus Cristo (o modelo e guia da humanidade)[1] e, com Sua força de amor e luz, peço permissão aos benfeitores espirituais para

---

1 Nota da Médium: "625. Qual o tipo mais perfeito que Deus tem oferecido ao homem, para lhe servir de guia e modelo?

"Jesus."

A.K: Para o homem, Jesus constitui o tipo da perfeição moral a que a Humanidade pode aspirar na Terra. Deus no-lo oferece como o mais perfeito modelo e a doutrina que ensinou é a expressão mais pura da lei do Senhor, porque, sendo ele o mais puro de quantos têm aparecido na Terra, o Espírito Divino o animava. Quanto aos que, pretendendo instruir o homem na lei de Deus, o têm transviado, ensinando-lhe falsos princípios, isso aconteceu por haverem deixado que os dominassem sentimentos demasiado terrenos e por terem confundido as leis que regulam as condições da vida da alma, com as que regem a vida do corpo. Muitos hão apresentado como leis divinas simples leis humanas estatuídas para servir às paixões e dominar os homens." KARDEC, Allan. **O Livro dos Espíritos**. Tradução Evandro Noleto Bezerra. FEB, 2013.

abrir, emocionada, esta página e dar sequência aos ensinamentos deste anjo de Deus — o benfeitor espiritual Pedro.

Retomar a preparação dos materiais do livro de ensinamentos *O Homem que Viveu Demais* (volume II) é mais que um presente celeste; é uma oportunidade de aprender com esse anjo do Senhor sobre os conceitos cristãos como: perseverança, fé, amor ao próximo, continuidade da vida, instrução e, sobretudo, humildade.

Sentindo o acalanto e a infinita misericórdia de Deus, cabe a mim apenas agradecer:

A Deus, nosso Criador, que tudo sabe e tudo vê.

Ao Senhor Jesus Cristo, que é e será sempre a razão de nosso viver.

À vida, escola que ilumina nossos espíritos.

Ao Espiritismo, que acende em nós os melhores sentimentos e pensamentos.

A Allan Kardec, que nos concedeu a grande oportunidade de conhecer os ensinamentos da Terceira Revelação – A Doutrina Espírita.

Aos Anjos de Jade, os benfeitores do Núcleo Espírita Lar de Henrique, por sempre interceder em a Jesus em favor de todos, com amor, respeito e caridade.

Aos meus amigos, que sempre estão dispostos a trabalhar em nome de Jesus.

Ao Marcelo José, que, além de trabalhar exaustivamente na transcrição dos textos desta obra, é o apoio iluminado de todos os dias.

Às inúmeras pessoas que acreditaram neste livro, mas especialmente: Luiz Voltolini, Cida Voltolini e Sergio Manzini, que se dedicaram a este trabalho com amor e muito desprendimento.

A vocês, amigos, minha eterna gratidão.

"Na vida, nós só temos dois caminhos:
viver ou viver.
Não tem certo nem errado.
É tudo resultado de escolhas."
Pedro

Ninguém está abandonado. Não importa o que você fez ou vai fazer. Jesus sempre lhe estenderá a mão.

SUMÁRIO

1
O amor vive

"O amor não morre. O que vai morrer
é este corpo velho e feio.
Mas eu vou viver no seu coração
para sempre."
Pedro

Certa feita, uma mocinha foi morar com Mãezinha na fazenda. Na verdade, eu e Simeão fomos buscá-la numa cidadezinha próxima, e a história foi muito interessante.

Eu já estava velho demais, quando Mãezinha falou:

— Pedro, você vai comigo, porque quem olha para você não vai nem falar nada. Nós temos que buscar essa moça, pois ela está com o pensamento todo perdido.

E lá fomos nós buscar a moça.

— Filha, por que você me ama há tão pouco tempo?

Com lágrimas nos olhos, ela respondeu:

— Porque você me tratou sem preconceito.

Olhei-a nos olhos e disse:

— Filha, a vida é igual a uma borboleta, no entanto, para sermos uma borboleta, primeiro temos de rastejar no chão para aprendermos a respeitar a terra. Temos de aprender a ficar expostos para os bichos, a viver na sombra, para que, quando nos transformarmos, possamos suportar os raios de sol. E sempre seremos uma borboleta, filha. Não importa onde estivermos. O que importa é o que acreditamos que somos, e somos uma borboleta. Às vezes, temos que estar num canto que não queremos, mas precisamos estar, porque só assim aprendemos a voar.

Depois dessa conversa, vivi mais um pouquinho graças ao carinho daquelas moças, que me seguraram para eu não morrer.

2
A cura de Jesus

"E se foi Jesus quem fez, você só tem uma coisa para fazer para Jesus: agradecer."

Pedro

Eu estava velho demais na fazenda e, numa bela tarde, estava sentado com Simeão, Morena e Mãezinha. Havíamos acabado de fazer todas as tarefas e nos sentamos rapidamente. Não demorou muito, e lá veio uma carroça. O condutor gritava:

— Pedro, Pedro!

Mãezinha olhou para Morena e falou:

— A gente nem pode se sentar rapidinho, pois todos querem falar com Pedro.

Acenei, e o moço parou. Na carroça havia uma moça alvinha, que, de tão branca, parecia um algodão. Com água nos olhos que não parava de cair, ela desceu com um menino nos braços. Desesperada, a moça disse:

— Pedro! Pedro! Olhe, Pedro, meu filho queima faz três dias! Parece uma fogueira.

Mãezinha e Morena levaram-na para dentro da puxada. O menino era forte. Coloquei a mão no pequenino e, até eu chegar lá dentro, só escutava Mãezinha dizer:

— Venha logo, Pedro!

— Filha, só tenho duas pernas, e cada uma pesa muito mais que eu. Tenho que ir devagarzinho.

Fui lá no mato, peguei algumas folhas e fiz o que tinha de fazer. Mas, antes de tudo, olhei para aquele rostinho miúdo e pedi a Jesus que a vontade de Deus fosse atendida.

Na manhã seguinte, a febre passou. O menino parecia uma ribeirinha de nascente. Estava ali com aquele jeitinho de ribeirinha. A mãe olhando... Passou-se mais um dia, e ele ali, igualzinho a uma ribeirinha. Passou outro dia, e lá se foi embora a febre.

A mãe olhou para mim na hora de ir embora e disse:

— Pedro! Pedro! Você me devolveu meu filho. O que posso fazer por você, Pedro? Me fale. Quer um pedaço de terra? Quer a alforria? O que quer, Pedro? Diga-me! Diga-me!

Olhei para aquela moça e respondi:

— Filha, eu não fiz nada; quem fez foi Jesus. E se foi Jesus quem fez, você só tem uma coisa para fazer para Jesus: agradecer.

A moça subiu chorando, e, antes de ir embora, aproximei-me. Ela perguntou:

— Pedro, você é de verdade?

Eu sorri e, em seguida, respondi:

— Filha, mas se eu não sou, como estou aqui?

Ela argumentou:

— Nunca vi uma pessoa igual a você.

Logo respondi:

— Eu sei. Sou feio demais.

Mãezinha olhou para mim e sugeriu:

— Mas, Pedro, um pedacinho de terra não seria mal, não?

Respondi para Mãezinha:

— Não, filha. A terra, eu levo no bolso.

Depois, aconselhei a moça:

— Filha, cuide de seu filho, porque amanhã ele vai agradecer a Jesus, que o curou, com muito trabalho.

Eu não vi, mas esse moço cresceu. Porque quem nasce, cresce, e quem é jovem fica velho.

Ele cresceu, e eu já não estava mais aí na vida da Terra. Ele virou doutorzinho das Letras. Sabe aqueles doutorzinhos que sabem grudar uma palavra na outra e que fica bom na defesa dos escravos, ajudando a terra de vocês a vingar?

Só morrem na Terra aqueles que não têm que ficar, porque já acabaram as coisas que precisavam fazer. E vive na Terra aquele a quem Jesus deu uma missão especial, como vocês.

Então, meus filhos, vocês têm uma missão especial. Vocês sabem qual é, meus filhos?

Viver. E viver é muito bom.

3
O dom do amor

> "Todas as vezes que alguém chorar escondido num canto, deitado na rede ou debaixo da chuva para que ninguém veja a água descer dos olhos, darei minhas mãos para recolher a água da dor de todo mundo e colocá-la numa nuvem, porque a nuvem guarda a água e deságua na terra quando ela quer, para fazer as flores nascerem, crescerem e se abrirem."
>
> *Pedro*

Eu estava lá na fazenda e já estava velho demais. Como eu estava velho! Às vezes, achava que Deus havia se esquecido de mim. Um dia, um doutorzinho chegou à fazenda dizendo que, se soubessem ler, os escravos velhos iguais a mim ganhariam a alforria.

Mas as letras, para mim, nunca foram boas, né, meus filhos? Lina falava as palavras para mim, e elas doíam na minha cabeça. E os números? Nem se fala, né, meus filhos? E eu velho...

O moço chegou para mim e disse:

— Pedro, se você souber ler, será livre.

Sentei-me num tamborete velho, e ao lado do meu estava o menino Bernard, que só eu via. Do outro, estava o menino Ferdinando. Olhei para os dois... Eles tentavam me ajudar a ler, mas eu não aprendia. Bernard e Ferdinando observavam-me, então, olhei para os dois e disse:

— Meus filhos, meus dois meninos, Deus lhes deu as palavras, que, quando se juntam na voz de vocês, parecem que dão as mãos e voam assim no céu igual aos passarinhos.

"Meus filhos, Deus lhes deu as palavras para que vocês cantassem elas, mas, para mim, Ele deu duas mãos para plantar, misturar as ervas e curar alguém. Também me deu as mãos para que eu pudesse ver os meninos nascerem quando as moças estão gritando e às vezes batendo em mim, porque elas ficam muito bravas quando dão menino.

"Deus me deu mãos para acarinhar os meninos que eu encontro pelo caminho quando ando. Deixo Mãezinha brava, porque sempre levo mais um menino para casa. Deus também me deu as mãos para que eu segurasse as mãos de vocês, meus filhos. E todas as vezes que alguém chorar escondido num canto, deitado na rede ou debaixo da chuva para que ninguém veja a água descer dos olhos, darei minhas mãos para recolher a água da dor de todo mundo e colocá-la numa nuvem, porque a nuvem guarda a água e deságua na terra quando ela quer, para fazer as flores nascerem, crescerem e se abrirem.

"Deus me deu mãos para eu bater o milho e fazer a farinha. Para tirar o leite da vaca ou da cabrinha. E me deu também mãos para pegar água no rio e dividir com quem tenha sede. Deu-me mãos para que eu olhasse para o rosto de vocês, meus filhos, que estão perto de mim e estão longe também, e para que vocês recebessem de minhas mãos o amor do meu coração.

"Deus me deu mãos para que eu chegasse ao jardim de Jade e colhesse a flor que cada um de vocês recebeu agora. E é sempre um de seus amores que me pede para trazer essas flores. Seja mãe ou pai, ou um filho pequenino que nem cresceu. Eu colho essas flores que vão à mão de vocês lá no jardim. Essa é a minha mão. Cada flor que ponho em suas mãos é a história de vocês, que vem cheia de amor e dor também, mas sempre chega lhes iluminando o coração.

"Quando eu estava na terra de vocês, Deus me deu mãos, mas não me deu o conhecimento para saber a língua de vocês. Depois que morri, continuei com minhas mãos, porque sei que a moça que chora buscando esperança traz de volta a melodia da vida; a mãe que chora traz de volta os filhos para debaixo de sua saia de amor; e os homens caídos terão a força no coração. Eu só tenho as mãos."

Depois de explicar meu verdadeiro dom, lembrei-me de alguns momentos que me marcaram com muito amor.

Disse a Ferdinando que nunca havia me esquecido daquela lágrima que caiu dos olhos dele. Lembro-me do menino Bernard, que chorava tanto que parecia um aguaceiro. Os dois seguraram minhas mãos, quando o doutorzinho falou:

— Leia, Pedro!

E eu respondi:

— Não sei ler, não.

— Então, continue como escravo, velho.

Respondi:

— Sim, senhor, meu filho, com muita gratidão.

4

Amor, perdão e trabalho

"A vida é justinha do jeitinho que tem de ser. Se eu ficasse na fazenda, eu não os encontraria. Se vim para cá é porque era importante eu vir, passar uma noite, duas ou três com vocês. Não há, meus filhos, uma nuvem no céu que esteja lá sem que Jesus queira; não há uma graminha no chão sem que Jesus queira; não há maldade que viva a vida inteira num coração. A mão suja hoje é mão limpa amanhã. O que mais importa é a gente se arrepender dentro do coração."

Pedro

O amor é igualzinho a um cachinho de uva. As uvinhas vão se encaixando umas nas outras, e nenhuma uva está no cacho errado.

Meus filhos, fui beato em quase todas as vidas, mas houve uma em que tive um filho chamado João. E, pensando nele, vou lhes contar uma história lá da fazenda.

Naqueles dias, a terra chorou e não vingou. Eu já estava velho, e as terras não deram nada. O dono da fazenda colocou as mãos na cabeça, sem saber o que fazer.

Antes de ir embora para uma cidade próxima, ele disse assim:

— Vou tentar vender a farinha que vocês bateram e deixarei um capataz novo aqui na fazenda para tomar conta de tudo.

Esse capataz chegou, e as coisas nunca são do jeito que a gente acha que são. A vida, porém, sabe de tudo, e Deus também.

Eu já estava velho demais, e, para os escravos velhos, o capataz fez uma determinação:

— Vou mandar todos para a cidade, porque lá eles comem as comidas da prisão, e, assim, economizo os alimentos para dar aos escravos bons.

E lá fomos eu e Simeão presos. Fomos assim, como prisioneiros.

Quando entrei na prisão, os moços olharam-me fixamente e olharam também para Simeão, que falou baixinho:

— Olha, Pedro! Aqui só há aqueles homens que mataram alguém. Nós caímos no setor mais perigoso. Amanhã, nem estaremos vivos.

Surpreso, perguntei:

— É, filho?

Sentei-me num cantinho, e, de repente, aproximou-se um moço alto e forte, que veio conversar comigo:

— Quem é você?

Respondi amorosamente:

— Sou Pedro.

O moço reconheceu-me e perguntou:

— Você é o Pedro velho, lá de cima da fazenda?

— Sou, sim, senhor.

O moço caiu de joelhos diante de mim, começou a chorar e beijar minhas mãos.

Olhei nos olhos daquele moço e perguntei:

— Meu filho, por que você está me beijando assim?

— Pedro, você não vai se lembrar de mim. Você fez minha mãe me dar à luz.

Lembrei-me do moço. Era um menino pequenino, que não me largava para onde eu fosse.

O moço, em lágrimas, me perguntou:

— Pedro, o que está fazendo aqui? Como um anjo vem parar aqui?

Quando os outros prisioneiros ouviram, começaram a sorrir. E aí veio outro moço e indagou:

— Mas é Pedro? Não é o da fazenda?

E veio outro, outro, outro e mais outro. Quando contei, havia ali quinze pessoas, todas juntinhas de mim. Eles contaram as histórias deles, e eu falei:

— Mas, meus filhos, isso é bom demais! Jesus fez a gente se encontrar.

Quando a comida foi servida, notei que os moços estavam com fome e dei minha comida para que eles se alimentassem. Simeão também deu a dele. Os rapazes ficaram surpresos com nossa atitude, e um disse:

— Mas, Pedro, você tem que comer!

— Não, filhos, eu comi hoje de manhã, e está bom. Está bom demais.

O moço olhou para mim e perguntou:

— Pedro, o que você está fazendo aqui?

Olhei para ele e respondi:

— Filho, na vida, a gente tem que estar onde tem que estar. Na vida, a gente tem que estar junto do outro, porque alguma missão a gente precisa cumprir.

O outro moço olhou para mim e questionou:

— Pedro, minhas mãos estão sujas de sangue. Será que, quando eu morrer, Jesus me aceitará?

Respondi com firmeza:

— Filho, na vida, a gente sempre tem uma oportunidade de rever o que fizemos de errado. Não ofereça as mãos sujas de sangue para Jesus. Ofereça seu coração, sua cabeça, o homem novo que está dentro de você. Ofereça o que tem de bom.

E ele completou:

— Pedro, eu sempre ouvia você contar essas histórias, e olha onde você está, Pedro. A vida é tão injusta.

Não concordei com ele.

— Ô, filho, não fale assim, não. A vida é justinha do jeitinho que tem de ser. Se eu ficasse na fazenda, não encontraria vocês. Se vim para cá, é porque era importante vir, passar uma noite, duas ou três com vocês. Meu filho, não há uma nuvem no céu que esteja lá sem que Jesus queira; não há uma graminha no chão que Jesus não queira; não há maldade que viva a vida inteira num coração. A mão suja hoje será a mão limpa amanhã. O mais importante é a gente se arrepender dentro do coração.

Enquanto eu falava, todos gritavam nas outras celas:

— Ô, seu Pedro!

Eu ouvia de longe. Todo mundo me conhecia, mas eu não conhecia ninguém. Sempre ouvia, contudo, as lamentações, e uma me chamou a atenção:

— Seu Pedro! Amanhã, eu vou morrer, seu Pedro. Me dê uma palavra!

Dirigi-me àquele moço e, carinhosamente, falei:

— Olhe, filho, o que vai acontecer é largar uma camisa velha por uma camisa nova. É largar uma sandália velha por uma nova. No lugar onde Jesus habita, não importa o que nós fomos. Meus filhos, o que importa é o que somos, porque é isso que nós vamos levar dentro de nosso coração.

O moço assustado me avisou:

— Mas, Pedro, o moço que o trouxe aqui falou para o outro que podia te matar. Você não tem medo de morrer?

Com muito amor no coração, respondi:

— Filho, estou tão velho que nem a morte quer me levar. Só vou morrer quando Jesus quiser, mas ele não quer agora.

Naquele momento, olhei para o meu lado, e lá estava João.

Ele colocou a mão em minha cabeça e disse:

— Jamais o abandonaria, seja embaixo do açoite, seja rolando na relva pela manhã, colhendo as flores, sovando o trigo ou tirando um simples leite para alimentar alguém. Jamais o abandonaria, pedaço eterno do meu coração, luz branda de minha inspiração. Eu jamais o abandonaria. Que as lágrimas que caem da solidão do cárcere sejam, então, as bênçãos de Jesus, que fala assim para você: "Não chore. Resista um tanto mais. Se o açoite lhe abrir as costas, Nossa Senhora lhe reclamará atenção. Se a fome lhe for evidente, o alimento celeste lhe revestirá e o fará continuar como um anjo de Deus aí no chão. Se seus olhos fecharem pelo cansaço do dia, Suas mãos se estenderão para levantar o caído. Então, não desista nunca, porque onde eu estiver, Jesus estará com você. Onde eu estiver, a palavra do Senhor estará com você, e onde eu estiver, meu coração será você.

Nessa hora, meus olhos encheram-se d'água. Fiquei no cárcere por oito dias. Quando Mãezinha levava pães e broas para mim, eu doava para os rapazes. Com isso, eles ficavam felizes.

E todos diziam:

— Pedro, não quero que você vá embora daqui, não.

Era uma felicidade... Nós rezávamos de manhã, de tarde e de noite. Era uma alegria, meus filhos. Mãezinha ficava brava do lado de fora.

Lá no cárcere, eu estava feliz.

Quando o dono da fazenda chegou, foi me buscar. Ele estava muito bravo:

— Como colocaram o Pedro aqui?

E eu respondi:

— Meu filho, olhe, você precisa de trabalhador agora, porque você vendeu os escravos e não tem mais farinha. Não tem mais ninguém, né?

Ele falou:

— Tenho, não, Pedro. Nem sei o que vou fazer. Não há trabalhadores.

Imediatamente, fiz uma revelação:

— Pois tenho um monte de trabalhadores para você.

Surpreso, ele indagou:

— De onde, Pedro? Eles são marginais.

Quando ele me disse isso, implorei com misericórdia:

— Meu filho, dê uma oportunidade para os moços.

E lá foram trinta homens fortes comigo. Olhe. Cada um dava dois de mim. Trabalharam na fazenda, criaram filhos na fazenda, e daí eu morri. Mas trabalharam felizes, e o que viraram as mãos cheias de sangue? Mãos cheias de sangue de trabalho.

Para sua reflexão...

5

O amor e a saudade

> "Para quem ama, a separação é igual ao rio, que desce e forma muitos outros rios, mas que sempre deságua no mesmo lugar: no coração. Por isso, não briguem pelas coisas que os olhos veem. É importante olhar dentro do coração. Isso é o que o olho, lavado de água, consegue ver."
>
> *Pedro*

Certa feita, o dono da fazenda viajou, e veio um sobrinho de longe. O moço olhou para mim e perguntou assim:

— Você é o Pedro? Vou vendê-lo. Você deve dar bom dinheiro. Afinal de contas, todo mundo fala de você.

Retruquei com amorosidade:

— Mas, meu filho, eu não tenho valor algum. Por que eu teria valor?

Ele respondeu:

— Porque todo mundo diz que você é um feiticeiro.

Ele achava que vender o feiticeiro daria um bom dinheiro, então, obedeci à ordem:

— Meu filho, se quiserem comprar um velho que nem eu, vamos lá. Vamos fazer o que o senhor acha que será o melhor.

Quando eu disse isso, Mãezinha deu cinco pulos e dez mil gritos. Morena começou a fazer umas coisas que as moças às vezes gostam de fazer, dar uns gritos altíssimos. Mãezinha, inconformada, me perguntou:

— Como vamos viver sem você? Se venderem você, nós iremos junto!

Mas o moço avisou que não iria vendê-las junto comigo, que elas iriam ficar.

Simeão olhou para mim, baixou a cabeça e não disse uma palavra. Subi na carroça, e o moço perguntou:

— Você não vai levar nada? Nem uma mala?

Respondi que não, pois não tinha nada para pôr em uma mala.

O moço insistiu:

— Você não vai levar nada mesmo?

— Não, porque nada me pertence. O que eu levo é o meu coração.

O moço olhou para mim e perguntou novamente:

— Mas você está com uma sandália velha e não vai levar nada?

Continuei a dizer:

— Nada, porque tudo o que eu tenho é da fazenda, por isso nada me pertence.

Aí, ele reparou nos bolsos de minha calça velha:

— E esses bolsos? Estão cheios de terra?

— Se quiser, eu deixo as terras. Para que vou levar terra velha?

Ele não deu muita importância, e seguimos em frente. Eu olhava sorrindo, acenando, e estava feliz na carroça. Atrás de mim, todos estavam chorando muito. Acenei feliz até porque eu já iria morrer. E lá fomos nós. Penso que foi a última vez que fui vendido. Já havia perdido as contas de quantas vezes isso havia acontecido.

Fui vendido para uma mocinha da cor de uma nuvem do céu, novinha demais. Ela parecia um anjinho de Deus.

Num determinado momento, ela olhou para mim, passou a mão no meu rosto e falou assim:

— Vou comprar você, Pedro. Eu o conheço.

Todo mundo me conhecia, e eu não conhecia ninguém. E foi assim. Lá fui eu para a fazenda da moça, que ficava bem perto de onde eu estava. Passaram-se os dias, e eu fui para a senzala. Quando cheguei, todos me perguntaram:

— Onde está sua trouxa, velho?

— Não trouxe nada, não.

Nessa fazenda, todo mundo era feliz. À noite, era hora de contar "causos" perto da fogueira. A moça era tão boa que ficava junto. Deixei muitos amores lá. Passaram-se dias, e o dono da fazenda, cujo sobrinho me vendera, veio atrás de mim. Ele falou de forma determinada:

— Vim buscar meu escravo.

A menina retrucou:

— Agora ele não é seu. Ele é meu.

Eu assistia à briga dos dois por mim e pensava alto: "Jesus, que briga!".

O dono da fazenda falou para eu pegar as trouxas e voltar com ele.

Expliquei que não havia levado nada. Mesmo assim, eles continuaram brigando. Eu tinha dois chinelos, um em cada pé, e uma camisa muito velha, que parecia o avental da Morena. Tirei a camisa, rasguei em duas. Peguei meus chinelos, coloquei um em cada lado da camisa e disse:

— Filhos, aqui está tudo o que eu tenho.

Dei os pedaços da camisa e os chinelos para os dois. O dono da fazenda olhou para mim e falou:

— Pedro, você enlouqueceu?

Eu respondi:

— Não, filho. Os homens passam a vida toda brigando pelas coisas da matéria, e eu não trouxe nada. Tudo o que tenho é de vocês. Não posso me dividir em dois, mas posso levá-los em meu coração. Na vida, nós só levamos o que está dentro do nosso coração; o resto é passageiro.

A moça olhou para mim e falou com muito amor:

— Como vou ficar longe de você, Pedro?

Expliquei que, para quem ama, a separação é igual ao rio, que desce e forma muitos outros rios, mas que sempre deságua no mesmo lugar: no coração. Por isso, não briguem pelas coisas que os olhos veem. É importante olhar dentro do coração. Isso é o que o olho, lavado de água, consegue ver.

O dono da fazenda colocou-me na carroça e levou-me de volta. A moça ia me visitar todos os dias. Lá na fazenda onde eu estava, a moça fundou quinze casas para os escravos que haviam sido libertados, para que eles pudessem recomeçar a vida.

Quando voltei, Mãezinha estava brava e queria me dar uma lição. Foi só colocar os pés no chão que Mãezinha veio na minha direção, olhou dentro dos meus olhos e falou:

— Nunca mais faça isso!

Eu perguntei, sem entender:

— Mas por que você está brigando comigo?

— Como você vai embora e nos deixa? Nós sofremos muito.

Tentando confortá-la, fiz uma pequena pergunta:

— Mas eu não voltei?

E ela respondeu de forma séria:

— Mas você demorou demais, velho.

Para aliviar a dor de Mãezinha, fiz um pedido:

— Não dá para você me dar um beijo de saudade?

Ela respondeu.

— Agora que já briguei com você, eu dou.

Assim são as moças. Elas brigam, mas amam demais.

Para sua reflexão...

6
O aprendizado de Deus

"Deus é sabedor de tudo. Deus é tão misericordioso, que me deu a oportunidade de viver."

Pedro

Eu estava muito velho, quando chegou à fazenda um mocinho, que, de tão branquinho que era, parecia um algodão. O dono da fazenda apresentou-me a ele:

— Pedro, quero que conheça meu sobrinho que veio de longe. Nós não sabemos o que fazer com ele. Já começou a ser doutor e parou, voltou e parou, enfim, nunca acabou os estudos. O pai dele já se cansou de aconselhá-lo. Ele não sabe o que quer fazer da vida. Estava estudando para ser doutor, para ajudar as pessoas doentes, mas depois não quis mais saber disso. A futura profissão não estava mais nos planos de vida dele.

O moço era reservado e mantinha o olhar longe. Houve um dia, contudo, que eu cheguei perto dele e falei:

— Meu filho, que olhar triste, longe. Você é tão novinho que cheira a leite.

Ele questionou:

— Você é o Pedro, não é?

— Sou, sim, senhor.

Ele olhou fixamente para mim e perguntou:

— Você é feliz, Pedro?

— Sou feliz, sim, senhor — respondi.

Aí, o moço retrucou:

— Mas, Pedro, você já olhou para si?

— Sei que sou feio demais, mas gosto de mim como sou. Quem eu seria se não fosse eu mesmo? É tão bom sermos nós mesmos. Ninguém é igual a ninguém.

O moço voltou a me perguntar:

— Mas você gosta de si, Pedro?

— Sim, gosto — respondi sem perder tempo.

Compenetrado nas ideias materiais, o moço falou:

— Mas, Pedro, você não tem nada. É um escravo velho, que está morrendo.

Logo que terminou de falar, concordei com ele:

— Estou sim, filho.

Mesmo assim, o moço continuou a me perguntar:

— E você é feliz, Pedro?

Não tive dúvidas em responder:

— Muito feliz.

Ele voltou a questionar as coisas materiais:

— Mas você não tem nada, Pedro.

E eu respondi com o coração:

— Tenho, sim, filho. Tenho eu próprio, que é minha vida. E Deus é tão feliz, tão bom, que, mesmo sabendo que sou imperfeito e feio, me deixou viver. Nascer, viver, viver tanto que nem sei quantos anos eu tenho. Isso é bom demais.

O moço abaixou a cabeça e revelou-me sua descrença:

— Eu não acredito em Deus.

Tentei, rapidamente, fazê-lo refletir sobre a grandeza de Deus:

— Por que você não acredita em Deus? Por quê? Deus é sabedor de tudo.

Aí o moço me perguntou:

— Se seu Deus é tão bom, por que você é escravo e eu sou rico? Por que você fica na senzala, e meu tio vive nessa casa grande?

Olhei para os olhos dele e disse amorosamente:

— Porque Deus é tão misericordioso que, apesar de eu ser muito feio, me deu a oportunidade de viver.

Os dias passaram-se, e aonde eu ia, o moço ia atrás de mim; onde eu estava, o moço estava perto de mim.

Um dia, na fazenda, oito moças deram à luz na mesma hora. Foi uma correria. Mãezinha de um lado, mãe Morena do outro, todas brigando comigo. Mãezinha me chamou a atenção:

— Pedro, você é muito devagar, e as moças precisam ser atendidas.

Com muita calma, respondi:

— Minhas filhas, não se apressem, porque os meninos vão nascer só quando eles quiserem. Nós só temos que ficar aqui para ajudar.

E assim aconteceu. Uma moça, duas moças, e, quando eu vi, lá estava o moço. Ele "arregaçou as mangas" e começou a correr de um lado para o outro, e aí os meninos nasceram. Foi uma noite cheia. Dos oito meninos, um morreu.

Nós fizemos tudo, mas não conseguimos evitar a morte dele. A mãe, chorando muito, me pediu:

— Pedro, Pedro! Tire de dentro de mim essa dor que está aqui.

Pedindo a Jesus que a amparasse, respondi:

— Filha, não chore, não.

Ela colocou no braço o menino que havia morrido e, com muita dor, me perguntava:

— Pedro, por que Deus fez assim?

— Não chore, minha filha. Devolva para Deus o melhor presente que nós temos para dar. E você, que é mãe... O melhor presente que você tem para dar para Deus é esse menino. Se você der com o coração livre de qualquer rancor, Ele vai coroá-la com amor e misericórdia. Dê para Deus, filha!

Ela colocou o menino em minhas mãos, e lá fui eu fazer as coisas com o pai, entregar para Deus.

Dirigi-me a ela e disse:

— Filha, fique olhando lá para o céu e para as estrelas. Quando eu entregar seu filho, uma estrela vai brilhar para você.

Naquela noite, o céu estava um chão de estrelas, já brigando com o sol para amanhecer.

Mas uma estrela ficou ali. Ela olhou para o céu e falou:

— Pedro, por que você me pediu para olhar para o céu?

— Pedi, minha filha, porque nossos amores nunca morrem. Eles se tornam estrelas no céu para iluminar quem ficar no chão.

O mocinho doutor observou tudo. Passaram-se dois dias, e ele não dizia uma palavra sequer. O dono da fazenda veio me perguntar:

— Pedro, você roubou as palavras da boca do moço?

— Não, filho.

O dono da fazenda complementou:

— Ele não fala nada nem reclama, Pedro.

Numa bela manhã, o moço acordou, olhou para mim e falou:

— Pedro, hoje eu sei por que Deus me colocou naquela faculdade. Foi para ficar inteligente e cuidar dos outros. Eu não sabia disso. Só entendi quando, naquela noite, fizemos todos aqueles bebês nascerem daquele jeito. Aí eu soube que acima de nós há alguém bem melhor, que é Deus, Pedro.

Olhando para ele, perguntei:

— Aonde você vai com essa mala?

Com um sorriso no rosto, o moço revelou:

— Vou voltar para a faculdade e depois retornarei para ajudá-lo nesse maravilhoso trabalho de dar à luz as crianças.

Depois de muito tempo, numa noite, eu estava sentado num tamborete e escutei uma voz dizendo assim:

— Pedro! Oi, Pedro!

Era o moço. Ele chegou com um papel nas mãos, falando assim:

— Pedro, Pedro, eu me formei!

— Mas, meu filho, você já está formado desde quando nasceu.

O moço, com extrema felicidade, me deu a boa notícia:

— Não, Pedro, eu me formei e agora sou doutor. Vou ficar aqui para ajudar todos os que precisarem nascer.

Eu fiquei muito feliz. O novo doutor foi muito importante e ajudou muita gente a nascer.

7

O poder da oração

"Vamos fortificar sua fé. Venha orar comigo."

Pedro

Chegou à fazenda uma mocinha que, além de parecer um pedacinho de algodão, tinha duas folhas no meio do rosto, que eram a cor dos olhos dela. Era semelhante a uma folha verde, bem verdinha.

Ela veio e parecia que logo iria morrer. Estava doente, bem doentinha. O dono da fazenda me procurou e disse:

— Pedro, um amigo meu pediu para a filha dele vir para cá para ver se melhora. Ela está doente, e acho que morrerá em breve.

Espantado, logo respondi:

— Não pode falar assim, não. Nas vinhas de Deus, tudo é possível.

Ele olhou para mim e falou:

— Pedro, só você e suas crenças podem salvá-la. Já vi tantos serem salvos por você. Se você está falando, tudo é realmente possível.

— Filho, nós temos que acreditar em Jesus. Não acho que essa moça morrerá.

Esperançoso, o dono da fazenda me fez um convite:

— Então, vá lá ver a moça. Aí, você me diz.

Encontrei a moça deitada. Quando ela me viu, olhou com tanto espanto que pensei que ela havia levado um susto por causa da minha feiura. Depois, ela perguntou:

— Você que é Pedro?

— Sim, filha.

A moça pediu para segurar minha mão velha e disse:

— Pedro, eu soube de você. Sei que estou morrendo.

— Filhinha — disse tentando confortá-la —, como sabe que está morrendo? Deus falou que você vai morrer?

Ela me respondeu com muita tristeza:

— Pedro, estou muito doente, e ninguém descobre o que eu tenho.

— Filha — tentei encorajá-la —, é hora de ter fé. Esse é um remédio que cura. Mas, se você ficar achando que vai morrer, aí não terá jeito.

Sentei-me ali num cantinho no chão, pertinho da cama, e pedi:

— Filha, feche os olhos e venha orar comigo.

Nessa hora, ela segurou minha mão, e eu voltei a convidá-la para rezar.

— Filha, vamos fortificar sua fé. Venha orar comigo.

Ao mesmo tempo, Saul estava pertinho de mim. Ele colocou a mão na moça e fez uma oração tão bonita que eu nunca mais esqueci.

Permita que o que passou passe. Sinta o sopro de Jesus no seu coração, porque passou.

Sinta no seu corpo a força de Deus, porque tudo passou. Deixe seus cabelos sentirem a força do vento, porque tudo passou.

Permita que Deus se sente ao seu lado, porque tudo passou. E, quando você se levantar desse leito e voltar a viver a luz do dia ou a sombra da noite, você há de ter a certeza de que Deus é por você. O que temer, se sentir a força de Deus abraçando-o? Tudo passou. E agora que tudo passou, escreva uma nova história que Deus fez só para você.

Então, quando tudo passar, o que ficará em sua história é a certeza de recomeçar todos os dias e agradecer a Jesus assim: "Senhor Jesus, se tudo passou, de joelhos eu Lhe agradeço, porque tudo passou.

Agora que ficaram a fresca do dia e a certeza do coração refeito de minhas feridas, minhas mãos são Suas, Senhor, e o que fica é a gratidão de tê-Lo em meus dias.

A moça olhou para mim chorando. Sequei os olhos dela, e a jovem foi logo dormir. De manhãzinha, todos foram me chamar. Corri e perguntei:

— Será que a moça morreu?

O dono da fazenda estava alegre e me perguntou:

— Pedro, o que você fez com a moça? Ela está comendo, andando e mandou lhe dizer que você fará as cavalgadas.

— Meu filho — respondi feliz —, eu não subo mais num cavalo, porque, se eu subir, eu não aguentarei ficar nele.

Mesmo assim, fui cavalgar com ela. Às vezes, eu caía no chão, mas fomos lá. Ela estava radiante.

Depois de alguns dias, a moça conheceu um rapaz que morava na fazenda ao lado. Eles casaram-se, e depois nasceram oito meninos e quatro meninas.

8

O olhar da felicidade

"Nós veremos o que quisermos ver. Se quisermos ver tristeza, veremos tristeza; se quisermos a felicidade, veremos felicidade."

Pedro

Às vezes, meus filhos, todo mundo fica triste. Hoje, eu olho para a Terra e vejo-os tristes, olhando da janela e para o mundo. Eu nunca entendia quando vocês diziam que o mundo estava triste. O mundo não é triste, filhos.

Certa feita, ouvi meus filhos na janela falando que o mundo está triste.

Meus filhos, quando eu estava na fazenda, sempre olhava para o céu, e ele sempre sorria para mim. Eu olhava para o mato, e ele sorria para mim. Olhava para a terra, até para meus pés velhos, e era feliz, porque eles me carregaram por tantos anos e sorriam para mim. Olhava para minhas mãos velhas, e elas sorriam para mim. Olhava para as broas e era muito feliz. Eu tinha felicidade até quando olhava Mãezinha e Morena e os meninos que vinham para pegar um pedaço de broa e saíam correndo. Morena ia atrás deles, mas nunca os pegava. Isso era felicidade.

Eu também era feliz quando ia ao rio e ele sorria para mim. Eu ficava tão feliz. Não há felicidade igual à de termos um corpo velho, um pé velho, uma mão velha e podermos abrir a janela e olhar para o mundo. Nós veremos o que quisermos ver. Se quisermos ver tristeza, veremos tristeza; se quisermos a felicidade, veremos felicidade, mas tudo passa.

Nenhum dia é igual ao outro, por isso Deus é tão supremo. Ele colocou um minuto depois do outro para serem iguais, mas não são iguais. O mesmo minuto de ontem não é igual ao de hoje. É passado, e nós temos que olhar felizes, bem felizes para o mundo. Saber que Deus faz um dia ser diferente do outro, mas nossos amores não. Nós podemos amar ainda mais. O amor é perdão, entendimento, força com a coragem, esperança, é saber que não morremos.

Certa feita, na fazenda, Mãezinha fez as broas e as deixou na janela. Eu estava sentado ao lado dela, e Simeão não parava de reclamar da vida. Nós olhávamos as broas e sorríamos. Sem que pudéssemos perceber, as broas sumiram. Todos nós rimos, e Mãezinha falou assim:

— Olhe, Pedro, a vida é igualzinha a um tabuleiro de broas. Do mesmo jeito que está cheio numa hora, na hora seguinte não tem nenhuma.

Nós temos que aprender a viver o momento de cada dia, porque hoje tem broa, mas ela some rapidamente.

Por isso, é sempre hora de olhar a vida com os olhos de amor para a janela e falar em voz alta: "O mundo sorri para mim". Ele, com certeza, sorrirá para você.

9
O amor no tempo certo

"O amor é igual a um cacho de uva. Cada uva é uma uva, mas elas se encaixam direitinho uma a uma. Por isso, no lugar do sofrer, coloque amor."

Pedro

Certa feita, chegou à fazenda ao lado uma carroça trazendo uma moça, que era neta da dona da casa. Olhei para a carroça e vi que a mocinha estava sem vida alguma, igual a uma espiga de milho sem caroço.

Fui até ela, e a dona da fazenda falou:

— Pedro, eu a trouxe para você. Ela é minha neta. Não tenho mais o que fazer. Ela perdeu o filho e também o amor de sua vida. Além de perder a criança, o marido foi embora. Ela está numa tristeza só.

Diante de tanto sofrimento, refleti rapidamente e cheguei à conclusão de que não devemos ter sofrimento de amor. O coração é igual a uma margarida. No meio da margarida está o nosso coraçãozinho. As pétalas são as irradiações de amor, por isso não devemos ter sofrimento de amor no coração. É igual a uma pequena nascente de um rio que encontra a terra. Cada gota d'água encontra sua ribeira, e sua lagoa nunca é a mesma. Por isso o coração, que irradia amor, encontra sempre sua lagoa.

Cheguei perto da moça, que estava muito doente, e olhei para ela. As lágrimas não paravam de cair dos olhos dela. A moça parecia uma pequena espiga de milho machucada e ferida.

Ela aproximou-se bem devagar. Entrei em casa para pegar uma garrafa com algumas ervas e folhas do mato. Ela tomou três goles, fez uma cara muito feia e voltou para a carroça. No dia seguinte, a dona da fazenda me procurou e falou:

— Pedro, Pedro, que Jesus o abençoe! Aquela coisa da garrafa, que você a fez tomar, tirou a febre dela. Quando a menina acordou, até comeu e falou que depois virá aqui para falar com você.

Logo concordei com a visita e disse:

— Sim, eu falarei com ela. Se a moça souber me escutar, terei a gratidão de alguém ouvir um velho feio que nem eu. Ela pode vir.

À tarde, lá veio a moça, ainda fraquinha, falar comigo. Ela perguntou:

— Pedro, posso ficar aqui?

— Filha, você está com os miolos soltos? Não pode, não. Você é da casa-grande. Aqui é uma senzala de escravos velhos.

Ela insistiu:

— Mas, Pedro, eu entrei aqui na senzala e fiquei tão bem. Meu coração se encheu de paz. Ele estava cheio de dor, conflito, mas, quando olhei para você, Pedro, senti uma coisa dentro de mim que nem sei dizer o que é. Deixe-me ficar.

A avó chegou perto e ordenou:

— Vamos embora, minha neta!

Contrariada, ela respondeu:

— Não vou, não. Vou ficar.

A dona da fazenda ficou surpresa com a vontade da menina e perguntou:

— Você ficará com Pedro? Trocará o conforto da casa por uma senzala e dormirá no chão?

Ela não teve dúvidas ao responder:

— Sim. Assim, eu me recuperarei de minha doença.

Conformada, a dona da fazenda deixou a menina ficar.

— Está bem. Então, você ficará com Pedro por três dias.

Falei que ficar ali por três dias estava bom, pois nenhum dia é igual ao outro. Três dias, às vezes, é uma vida.

E foi assim. Aonde eu ia, a moça ia atrás de mim. Numa tarde, fui buscar água no rio por um caminho mais curto. Era ali onde as moças davam à luz e colocavam as crianças em moitas, porque sabiam que eu iria passar. Toda vez que eu ia pegar água no rio, Mãezinha me dizia para ir buscar água, mas não trazer um menino para a senzala.

Às vezes, eu escutava um chorinho miúdo. Com dó no coração, trazia umas três crianças, bem acomodadas num balde, para a senzala. Quando eu chegava, Mãezinha olhava para mim e perguntava:

— Pedro, isso é água?

E eu respondia:

— Não, filha. Isso é vida.

Naquela tardezinha, fui pegar água no rio e a moça foi comigo. Feliz, eu contava histórias, e ela sorria sempre. No caminho, peguei umas margaridas e ofereci a ela. O sorriso da moça era de canto a canto, de orelha a orelha. Eu lhe mostrava o céu, lhe contava as histórias, e assim o tempo foi passando. No meio do caminho, ela me deu um abraço e admitiu:

— Pedro, eu estou tão feliz!

— Mas, minha filha, como pode estar feliz ao lado de um velho como eu e pegando água?

A moça abriu o coração e disse:

— Porque você me mostrou uma vida que eu não conhecia.

Quando estávamos chegando perto do rio, ouvi um chorinho miúdo, que parecia de um gatinho miando. Lá fui eu para trás da moita. Era uma menina. Ainda estava do jeito que havia saído da barriga. Eu ia colocá-la dentro do balde, mas a moça olhou e pediu para que eu não colocasse. Ela rasgou a saia, enrolou a menina, e lá fomos nós. Quando chegamos à senzala, Mãezinha correu, olhou para mim, e falou tanto que eu já nem ouvia mais.

— Pedro! Pedro! Não cabe mais ninguém na senzala. Será que você vai trazer todas as crianças das fazendas da região para cá?

— Filha, cabe, sim. É só mais uma criancinha. É tão pequenina que você nem vai perceber a presença dela aqui.

A moça olhava para aquela menina com os olhos brilhando, e a criança respondia com tanta alegria que não cabia em seu rosto.

A moça passou a cuidar daquela criancinha com muito amor no coração. Quando chegou o terceiro dia, a avó dela foi buscá-la:

— Vamos, filha. Vamos embora!

Ela retrucou, estabelecendo uma condição:

— Vó, só voltarei se a senhora me deixar levar essa menina comigo.

A avó da moça ficou muito brava comigo. Depois que levei três palmadas na cabeça, ela me perguntou:

— O que você fez com minha neta?

Todo mundo entrou para me defender. Olhei para ela e disse assim:

— A senhora já foi mãe e agora é avó. Olhe a alegria de sua neta. A mesma criança que ela perdeu voltou para os braços dela. O corpo que não vingou antes, vingou agora. — A criancinha olhava para aquela moça com muito amor.

Aí veio o dono da fazenda vizinha para resolver o problema, como se o amor fosse um problema.

Ele falou assim:

— Uma escrava nova será muito bem-vinda.

O dono da fazenda onde eu estava retrucou:

— Ela não é escrava, porque eu já a alforriei.

— Mas, meu filho, você não pode mentir, não — falei. — Você não alforriou a menina. Você não conhece a moça.

Quando eu disse isso, todos me mandaram ficar quieto. Não entendi nada. O dono da fazenda confirmou:

— Pedro, se você encontrou essa menina, ela é minha escrava. Então, eu estou alforriando-a agora.

A moça olhou e resolveu abraçar a criança:

— Se ela é livre, meu avô não a levará como escrava, porque, a partir de agora, ela é minha filha.

Depois de vinte anos, chegou à fazenda uma carroça com um moço novinho e bem-vestido.

As botas dele brilhavam. Com ele, estavam uma senhora, uma mocinha e dois meninos.

Só escutei uma voz gritando:

— Pedro! Onde está Pedro? Onde está meu Pedro?

Conheci aquela voz de longe. Mesmo com a vista cansada pela minha longa idade, aproximei-me e disse:

— Não posso mais vê-la como você é, mas sei que deve estar muito mais bonita do que era.

A menina tornara-se uma moça inteligente e educada.

A moça que levara a criancinha como se fosse uma filha afirmou:

— Pedro, soube que você está morrendo.

— Filha, passei a vida toda achando que estava morrendo e ainda estou aqui.

Ela retrucou:

— Eu trouxe para você ver, Pedro, como a vida me encheu de amor. Quando voltei para minha cidade, fiz essa menina ser minha filha de verdade. O advogado olhou para mim, nós nos apaixonamos e nos casamos tempos depois. A menina se tornou nossa filha adotada, e dei à luz mais dois meninos.

Ela disse ainda que queria morrer quando chegou aqui, mas, agradecida, se dirigiu a mim:

— Até achei que aquelas coisas na garrafa eram um veneno que você me dava. Mas, em vez de o veneno me matar, ele me deu a vida.

Com muito amor, respondi:

— Todo amor verdadeiro é igual a um fio d'água, que sempre encontra o lago onde desaguar. Seu fio d'água desviou-se, por isso o coração não pode sofrer por amor. O amor não faz sofrer. Amor de verdade cura mais que uma vida, e, no seu caso, curou quatro vidas. O amor cura, filha. Não deixe o coração se contaminar com a dor do sofrimento por um amor.

O amor é igual a um cacho de uva. Cada uva é uma uva, mas elas se encaixam direitinho uma a uma. Por isso, no lugar do sofrer, coloque amor.

Para sua reflexão...

10

A hora certa

"Tudo na vida tem a hora de parar, a hora de seguir, a hora de se libertar e a hora de ser feliz."

Pedro

Meus filhos, todos me perguntam como é meu jardim. Alguns até indagam se é verdade que meu jardim existe.

A todos que me perguntam, eu faço questão de levá-los, um por um, em sonho, para conhecer meu jardim, mas ninguém se lembra disso depois.

Quando me perguntam por que não estou dando flores, eu sempre respondo:

— Como não dou?

Depois que cada um recebe os passes da equipe do doutor Saul, eu e Vó Lina levamos as flores e as deixamos nas mãos de vocês. É só vocês cheirarem as mãos.

A mesma flor que deixamos em suas mãos é aquela que vocês veem no passeio.

Os amores de vocês vão lá no jardim e escolhem as flores que eu entrego.

E essa flor é a mesma para a qual vocês olham e que vocês arrumam nos vasos em casa. São as flores que os fazem lembrarem-se de mim.

Meus filhos, quase tudo na vida passa; o que fica é o rastro de flor que vocês deixam. É o perfume que fica para perfumar o coração de quem quer que seja. E se você não quer perfumar o coração de alguém, um dia vai querer.

Meus filhos, não tenham medo. Quem passa a vida com medo fica sentado num tamborete vendo as vacas passando e indo embora.

Meus filhos, a vida é igualzinha à chuva. Às vezes, ela vem fraca; às vezes, forte. Em algumas situações, vira até tempestade. Mas ela passa e sempre deixa as coisas fora do lugar. Sabe para quê? Para vocês arrumarem tudo de novo. Já aquilo que não tem arrumação, deixem como está. É hora de deixarmos tudo o que não é nosso para trás. Para molhar seus pés, o rio que é seu sempre acha o caminho certo, portanto, se molhar seu pé, é porque o rio é seu.

O sol vai iluminá-los no tempo certo, mas, para que isso aconteça, precisamos seguir em frente.

Um dia, eu estava na fazenda com os pés na água, e lá veio Morena, desesperada, dizendo:

— Pedro, morreram cinco meninos. O que vamos fazer?

— Faremos os enterros muito respeitosamente — respondi.

Chamei Morena para perto, e ela indagou:

— Pedro, por que você está tão calmo?

— Morena, por favor, venha aqui molhar os pés no rio comigo.

Ela veio falando sem parar. Quando Morena parou, chegou minha hora de falar:

— Filha, há coisas na vida que não podemos mudar de jeito nenhum. Temos, então, que deixar essas coisas seguirem como as águas do rio que molham nossos pés. Elas seguem o rumo delas e não voltam. Por isso, filha, é hora de aprender a olhar a água que está batendo em nossos pés, porque ela passa e vai embora. O que ela nos deixa é a vontade de colocarmos novamente os pés na água e sentirmos que estamos vivos.

Morena levantou-se e disse:

— Está bem, Pedro. Já molhei meus pés, mas agora temos que voltar para o trabalho.

— Sim, agora nós vamos para o trabalho, porque tudo na vida tem a hora de parar, de seguir, de se libertar e a hora de ser feliz, com os pés molhados e no chão.

11

Amar e não odiar

"Nosso coração não entende outra coisa que não seja o amor. Se nós amamos, nós perdoamos. Se perdoamos, esquecemos, e, e se nós esquecemos, isso é bom demais."

Pedro

Numa noite, eu estava na fazenda sentado num tamborete velho, quando Mãezinha veio gritando meu nome:

— Pedro! Pedro! Você não sabe o que aconteceu.

— Sei não.

— Pedro, você se lembra daquele capataz que passou pela fazenda há mais de um ano? Aquele homem que me botou no tronco? Que botou você, Simeão, Morena, todo mundo no tronco?

— Lembro, filha.

— Você não vai acreditar. O dono dele veio pedir guarida aqui, porque ele está tão doente que dá até dó, Pedro.

— Onde o moço está? — perguntei.

— Você não vai cuidar dele, não, viu? Não vai, não. Você foi o que mais sofreu na mão daquele homem, então, vai ficar quietinho aqui. Já vim lhe dizer que não vamos deixar você cuidar dele.

Olhei para Morena e perguntei:

— Onde ele está?

— Ele está na puxada, e isso, para nós, até machuca.

Chamei Simeão e pedi que me levasse até lá.

Quando cheguei, o moço estava com um febrão. Ninguém queria ficar perto dele por medo, pois, se ele ficasse forte, teria a mão pesada com todo mundo que estava lá. Passei dois dias ali com ele, dando-lhe comida e ervas para ficasse bem.

O homem, por fim, ficou bem e, quando acordou e me viu ao seu lado, largou-se num choro tão grande que eu até chorei com ele. Depois disso, o homem começou a sair do silêncio, porque às vezes as palavras não são boas, não, mas o silêncio é bom. Ele, então, perguntou:

— Pedro, o que você fez?

— Vim cumprir minha missão com você, que já está bem. Amanhã, você já pode seguir para trabalhar.

No dia seguinte, ele já estava melhor e foi lá para a puxada. Quando ele entrou, todos os escravos saíram correndo, ficando somente Simeão e eu. Baixei a cabeça, porque não sabia o que poderia acontecer, e, sentado no tamborete velho, fiquei esperando com a cabeça baixa. Chorando, ele veio correndo e me deu um abraço, ajoelhou-se e botou a cabeça no meu colo. Passei a mão no ombro dele, que foi se acalmando. O homem disse:

— Pedro, eu estou cheio de vergonha. Não quero mais ser capataz. Quando fiquei doente, minha família foi embora, meus patrões não quiseram me atender, então, bati aqui porque sabia que você, Pedro, não iria me abandonar. De agora em diante, não serei mais capataz. Se o dono da fazenda me aceitar, eu quero trabalhar aqui com vocês. Quando abri meus olhos e o vi, Pedro, fiquei na dúvida se estava vivo ou morto, mas, como você falou comigo, percebi que estava vivo. Apesar de saber que você não me abandonaria, sempre achei que me odiasse.

Dei um sorriso e disse:

— Meu filho, no meu coração não cabe essa palavra que você falou. Não a conheço. Nem sei como é esse sentimento, porque, em vez de ficar perdendo tempo odiando, eu amo, filho. Eu tenho o amor dentro de mim. E, se tenho amor, não tenho lugar para o ódio. Sendo assim, em vez de brigar comigo mesmo e com os outros, eu amo. Você, filho, é para mim uma oportunidade de amar mais. Por que o odiaria, então?

— Mesmo depois do que lhe fiz?

— Olha, filho, eu só me lembro do dia em que você chegou aqui precisando da minha ajuda e lá fui eu servir.

— E você não quer nada em troca, velho Pedro?

— Quero, filho. Quero, sim. Que você seja feliz. Se você ficar feliz, eu ficarei feliz.

Ele ficou na fazenda e, quando eu estava morrendo, ele chorou, pedindo para que eu não fosse embora.

Por isso, nosso coração não entende outra coisa que não seja o amor. Se nós amamos, nós perdoamos. Se perdoamos, esquecemos, e, se nós esquecemos, isso é bom demais.

12
As estações da vida e a estrada da esperança

> "A fé vai ter que caminhar feliz para suportar a lombada da vida. Cair de pé, em cima dos pés, para poder caminhar um pouquinho mais. Porque no fim de cada tristeza, sempre haverá um recomeço — e um recomeço cheio de alegria — para quem tem esperança."
>
> *Pedro*

Lá no céu, Nosso Senhor Jesus estava sentado num tamborete, e vieram os anjos. Todos estavam reclamando:

— Meu Senhor, não há mais o que fazer. Eu mandei secar, o anjo da chuva mandou chover. Eu mandei o anjo da água da ribeira segurar as águas, mas aí os rios se juntaram todos com os anjos dos rios e virou o oceano. Não sei mais o que fazer.

Todo mundo estava reclamando...

Nosso Senhor Jesus olhou para cada um deles e disse:

— Na Terra, para aprendermos cada coisa no seu tempo, nosso Deus, que é nosso Pai, nos dá um ciclo, um período para cada coisa — igualzinho existe o inverno, o verão, a primavera e o outono. A vida de cada um dos filhos de Deus tem uma estação a ser vivida, para que aprendam a valorizar a outra que vem depois.

"Um dia será a estação das águas; no outro, a do choro. Todo mundo chorará, porque sentirá alguma coisa, seja de alegria ou de felicidade.

"Depois virá a estação da seca, a hora do sorriso nos lábios ou do silêncio, porque o silêncio ensina muito mais do que as palavras.

"Também haverá a estação das doenças, porque a doença sempre antecede a estação da saúde, que é de onde vem a consciência de valorizar aquilo que se fez de errado no passado para não adoecer de novo.

"Depois virá a estação da falta de feijão na cuia para, em seguida, vir a bonança. E, com a cuia cheia, os homens aprendem que, colocando mais água nela, isso cria mais caldo, e, assim, eles poderão dividir mais com os outros.

E, para tudo isso que os homens terão de aprender a passar no chão, nosso Deus dará uma coisa muito especial: a estrada da esperança.

"Cada curva dessa estrada, ou começo de uma nova estação, eu chamarei de recomeço, para que cada um possa saber que levará a fé dentro do coração. A fé, contudo, terá de caminhar feliz para suportar a lombada da vida. Terá de cair de pé em cima dos pés para poder caminhar um pouquinho mais. Porque, para quem tem esperança, no fim de cada tristeza, haverá sempre um recomeço — e um recomeço cheio de alegria."

13
Medos e preocupações

> "Não espere alguém mudar algo em você. Se você não consegue mudar é porque não é para mudar. Mude sozinho!"
>
> *Pedro*

Às vezes, deixamos a vida passar porque estamos cheios de medos e preocupações.

Pior do que não comer e não ter o que calçar é perder um amor puro.

Tudo na vida precisa ter um descanso. Não adianta querer tirar da terra cansada aquilo que ela não pode dar.

Não há problema que não tenha solução.

Preocupação só anuncia o pior. Quanto mais preocupada sua cabeça ficar, mais desgraça chegará perto de você.

Por que pensarmos no que vai acabar, se nem começamos ainda? Esquecemos não das coisas velhas, mas daquilo que podemos fazer de novo.

Somos nós que temos de dar o tamanho das nossas coisas "justas".

Às vezes, passamos a vida toda chorando por quem partiu e nos esquecemos de amar quem está por perto.

Temos medo de aceitar o novo, porque o velho já está entendido.

Diante dos problemas da vida, a própria vida arruma a solução.

Tudo vem na hora justa, quando nos libertamos dos preconceitos.

Nós queremos dos outros a mesma coisa que queremos de nós mesmos, mas os outros têm um jeito próprio de responder a esse amor.

Queremos um amor, mas não amamos a nós mesmos.

Às vezes, queremos dos outros o que eles nunca poderão nos dar. E, muitas vezes, não sabemos nem o que queremos.

Amamos o velho, não o novo.

A vida não é difícil. Difícil é o que pensamos da vida. Ela é fácil e quer de nós apenas uma coisa: que vivamos!

Esqueça a palavra difícil. Não existe dificuldade.

Se você quer companhia, olhe para dentro de si mesmo. Se nós não nos amarmos, como poderemos querer a companhia dos outros?

Queremos que o outro seja inteligente, mas o que aprendemos?

Queremos que o outro esteja bonito ao nosso lado, mas o que fizemos de bonito neste instante?

O que somos não é a preocupação. Preocupação demais é impedimento de viver.

Ninguém é culpado pela lágrima que derramamos, pela fome que passamos. Só nós somos culpados, porque temos medo de mudar.

Não espere alguém mudar algo em você. Se você não consegue mudar, é porque não é para mudar. Mude sozinho!

14
Caridade sem limites

"Se a noite for escura, não se esqueça de que, na manhã seguinte, nasce o sol. Se o rio está barrento, não se esqueça de que, lá embaixo, há o peixe no barro como há o peixe na água limpa. Não se esqueça de que, quando a chuva cai do céu, ela vem para limpar a terra e que, quando ela bate na semente, nasce o broto e uma vida acontece."

Pedro

Certo dia, quase todos os escravos das outras fazendas estavam com febre alta. Era uma virose que viera de muito longe, trazida por viajantes que estavam na região. O contágio aconteceu muito rápido. De fazenda em fazenda, a virose foi se espalhando. Todos os dias, nós falávamos dessa epidemia na senzala onde eu vivia. A preocupação era grande. Mãezinha foi a primeira a demonstrar sua angústia:

— Pedro, se isso vier para cá, você pode morrer. E, se você morrer, todos nós morreremos.

Amorosamente, respondi:

— Minha filha, temos que continuar trabalhando e tendo fé em Jesus. Precisamos continuar nossa vida.

A epidemia não chegou à fazenda onde eu vivia. Continuamos nosso trabalho normalmente. Eu auxiliava o parto das escravas, que chegavam a ter cinco, seis e até oito filhos, e nenhuma delas deixava pelo caminho os meninos que nasciam.

Certo dia, o proprietário da fazenda vizinha chamou a mim e a Simeão para cuidarmos dos escravos doentes. Quando soube do convite, o dono da fazenda onde eu vivia respondeu irritado:

— Eu não emprestarei o Pedro!

Tentando convencê-lo, ponderei:

— Mas, meu filho, há escravos morrendo lá. Deixe-me ir. Conheço uma mistura de cinco ervas que pode curá-los.

Preocupado, o dono da fazenda argumentou:

— Mas, Pedro, se você for para lá, pegará essa febre alta e poderá morrer.

Olhei para os olhos dele e falei:

— Não vou morrer, não. Por favor, me libere para o proprietário da fazenda ao lado. Preciso salvá-los.

Contrariado, o dono da fazenda reconheceu:

— Certo. Vou te liberar. Mas só por cinco dias! Simeão e Morena irão acompanhá-lo.

Lá fomos nós três em missão. Chegamos à fazenda ao lado e constatamos a grande dor que todos estavam sentindo. Trabalhávamos dia e noite, noite e dia. A cada dose dos remédios naturais que eu fazia, as febres passavam.

O padre de uma igreja próxima soube que eu havia feito alguns remédios naturais à base de ervas e me denunciou à justiça. Nós três fomos presos sob a denúncia de sermos feiticeiros. Eu, no entanto, estava feliz, pois todos os escravos já estavam curados. Quando foram nos buscar, todo mundo me puxava, chegando a rasgar minhas roupas velhas, e não me deixavam ir para a delegacia. Chegamos ao distrito, e um policial me perguntou:

— Pedro, você sabe quem sou eu?

— Não sei, não. Mas você me conhece, né?

Depois que falei, ele começou a me amedrontar com as histórias que contava. Outro policial aproximou-se e contou também histórias tristes, para que eu tivesse medo deles. O primeiro policial aproveitou para me perguntar:

— Conte-me por que foram presos. Vocês devem ser criminosos, né? E você, Pedro? Deve ser o pior de todos, porque é falado por todos os cantos. Conte para nós. Quantas vidas você tirou?

Respondi com muito respeito:

— Filho, não sei lhe dizer quantas vidas eu tirei, mas sei contar a quantidade de remédios que dei àqueles escravos que estavam doentes. Não se tira a vida de ninguém pela maldade. A vida é de Deus, e não importam a bondade nem as maldades que fazemos. O que importa, filho, é o que fazemos para frente, porque é para frente que andamos, não para trás. Não é em volta de nós que a vida vive.

Os presos chegaram perto de mim, todos com as caras abaixadas para o chão, e começaram a chorar. Continuei a falar:

— Se a noite for escura, não se esqueça de que, na manhã seguinte, nascerá o sol. Se o rio está barrento, não se esqueça de que, lá embaixo, há o peixe no barro como há o peixe na água limpa. Não se esqueça de que, quando a chuva cai do céu, ela vem para limpar a terra e que, quando ela bate na semente, o broto nasce e uma vida acontece. E essa vida tem que ser cuidada, pois é uma flor de Deus que nasceu na terra. Ela nasceu para você cuidar. Se a dor vier no seu corpo, não pense nela. Levante-se e trabalhe, porque, todas as vezes que você trabalhar e for um homem bom, a estrela no céu que eu serei para você brilhará muito mais do que possa imaginar. Lembre-se de que, mesmo na sombra ou na luz, estarei ao seu lado para iluminar o caminho por onde você passar.

Os moços choravam e perguntavam:

— Pedro, o que você veio fazer aqui?

— Ficar com vocês, meus filhos — respondi.

Depois de alguns minutos, o dono da fazenda veio nos buscar. Ao mesmo tempo, o padre brigava com ele, pois queria que continuássemos lá. Os próprios presos também pediam para que ficássemos.

Com alegria, eu disse:

— Meus filhos, sou um Pedro só. Mas, se não posso deixar um pedaço de mim para todos vocês, vou sempre cuidar de todos no meu jardim, que é o meu coração.

Voltamos para a fazenda e, no caminho, contávamos, com um sorriso no rosto, os momentos vividos naquela prisão. Foi quando Simeão olhou para mim e perguntou:

— Pedro, quando você vai parar de ser preso?

Sem saber o que dizer, respondi assim:

— No dia em que morrer. Enquanto eu estiver aqui, a gente sempre passeará nas cadeias.

Todos nós sorrimos felizes e continuamos nossas vidas, sempre com o Nosso Senhor Jesus Cristo.

Para sua reflexão...

15
O piscar de uma estrela

"Temos de olhar para o céu, não para o chão, porque no chão contaremos as pedras e no céu encontraremos nossos amores."

Pedro

Quando eu estava na fazenda, Morena sempre me perguntava por que eu olhava tanto para o céu.

O céu é um presente de Deus, e meu sonho sempre foi tocar uma nuvem branquinha, igual a um tufo de algodão. Na verdade, esse era o único sonho da minha vida.

À noite, o céu era outro espetáculo. Cada estrela brilhava mais que a outra. Eu sempre dizia para Morena e Mãezinha que nós temos de olhar para o céu, não para o chão, porque no chão contaremos as pedras e no céu encontraremos nossos amores. Cada amor que passou em nossas vidas vira uma estrela, que, constantemente, pisca para nós.

Nossos amores que desencarnaram estão sempre piscando para nós. E, quando os encarnados pensam nos amores que estão aqui em Jade, eu, sem que vocês me peçam, coloco uma flor ao lado deles e sempre lhes digo que não importa se foi um grande amor ou um pequeno amor, porque amor é amor. Mesmo aqueles que desencarnaram repentinamente, cuja desencarnação não foi compreendida pelos encarnados, sentem amor do mesmo jeito.

Eu sempre coloco uma flor na cabeceira da mesa de seus amores, e, quando eles veem a flor, me dizem assim: “Pedro, a melhor coisa para mim é saber que minhas filhas e meus filhos me perdoaram e me mandaram uma flor”.

Para sua reflexão...

16

Viver

"Meus filhos! Segurem a mão de seus amores e a coloquem no coração, porque é assim que a gente vai vivendo a vida."

Pedro

Numa bela noite na fazenda, Simeão e eu fomos pescar, e foi conosco um burro. Nós andávamos tão devagar e felizes que conseguíamos reviver todas as histórias sobre as quais conversávamos.

Entre histórias e histórias, Simeão comentou:

— Pedro, faz muito tempo que a gente não pesca à noite.

E lá fomos nós. O burro não nos deixava colocar um cesto nele. Quando tentávamos colocar, ele se sentava.

Quando chegamos ao rio, colocamos os pés na água e nos sentamos.

Meus filhos, pescar significa ter paciência. E, naquela noite, nenhum peixe nos quis, porque só conseguimos pescar se o peixe nos quiser.

A madrugada chegou, e nós nos recostamos e dormimos. Quando chegamos pela manhã, fomos repreendidos por Morena e Mãezinha.

Assim que acabou de nos repreender, Mãezinha perguntou:

— Aonde vocês três foram?

— Fomos pescar — respondi.

Mãezinha retrucou:

— Pedro, nunca mais faça isso!

As duas falaram tanto que o burro até foi embora.

Abaixamos as cabeças, e, com carinho, ofereci os três peixinhos que nós havíamos pescado e disse:

— É que nós fomos pescar para presenteá-las.

Mesmo com a entrega dos peixes, as moças não paravam de falar. Simeão e eu escutávamos as mesmas advertências com muita paciência. Sentamo-nos perto da fogueira, e a lua parecia ter ido nos beijar. As estrelas no céu eram nossos amores que não morreram e estavam todas piscando para nós. Se vocês estão ao lado de seus amores, segurem as mãos deles e as coloquem pertinho do coração. E foi assim que tanto Morena quanto Mãezinha seguraram minhas mãos e a colocaram no coração delas.

Morena olhou nos meus olhos e, com muita emoção, falou:

— Não morra, Pedro! Você ouve a batida do meu coração? Não morra, Pedro! Você ouve meu coração batendo? É porque você está aqui. Você é o anjo que ilumina nosso caminho, que pesca à noite e dorme sozinho. Não morra, Pedro! Porque, quando você apagar, aquela lua no céu também se apagará. As estrelas, que são os amores de nossas vidas, vão parar de piscar para cada um de nós.

"Não morra, Pedro! Viva! Anjo bendito dos céus, por onde você passa as margaridas se abrem e as flores secas vivem. Você sempre nos disse que nunca morreria, porque Deus se esqueceu de levá-lo. Que Deus tenha misericórdia de todos nós, porque você, Pedro, é a luz que ilumina nosso caminho, é a candeia que indica a direção certa. Sem você, os dias na senzala serão mais difíceis. Sei falar porque aprendi a ler, mas você aprendeu a falar com o coração.

Em todas as vezes que nutri os filhos de leite, era você dizendo 'força, Morena'.

"Está sentindo meu coração batendo para você, Pedro? Então, não morra! Porque, no dia em que isso acontecer, a margarida vai chorar, as flores do campo não vão se abrir e não haverá mais aquele que chorará nos arbustos por onde você passar. Por onde você anda, não são as flores que se abrem, mas, sim, as vidas que suplicam. E quantos meninos não vão estar nos meus braços e nos braços de Mãezinha?

"Pedro, não morra! Aonde você for, seja sempre esse anjo bendito, que distribui flores a quem quer que passe no caminho. E, se estiver sentado num velho tamborete, que ele faça de você uma estrela do céu, um anjo de Deus. Onde alguém estiver chorando, sei que você estará lá. E se você morrer, Pedro, só peço a Deus que você tome o lugar da lua e seja o maior astro dos céus, para eu saber que você continua e continuará sempre batendo no meu coração."

Meus filhos! Segurem a mão de seus amores e a coloquem no coração, porque é assim que a gente vai vivendo a vida.

Que Jesus abençoe a todos!

17

Amor incondicional

> "Temos que esquecer as ofensas. Temos que esquecer a mão que nos fere, porque é a mesma que nos abraça e dá carinho."
>
> *Pedro*

Em uma noite, eu estava na fazenda, quando chegou uma linda moça que parecia um algodãozinho de Deus. Ela trazia um menino nos braços e, desesperada, gritava:

— Pedro, Pedro! Meu filho está com febre alta há muitos dias. Ele foi a vários médicos, que fizeram de tudo, mas não conseguiram curá-lo. Por favor, ajude meu filho! Vim escondida, porque, se meu esposo souber, não vai gostar. Ele não acredita muito no que você faz.

Olhei para aquele rostinho sofrido e preparei alguns chás com ervas para que o menino tomasse. Horas após ele beber o chá, a febre baixou, contudo, o problema não era somente a febre. Notei que, por trás daquele corpinho de Deus, existiam muitas dívidas do passado e que esses problemas espirituais estavam adoecendo-o. Passei a noite orando a Deus, porque não se pode curar na plenitude se não orarmos e pedirmos muita proteção, afinal de contas, aquele que cura também é paciente.

As horas passaram, e eles foram embora. Logo ao amanhecer, chegou um policial da região para me prender. Fui acusado de ter feito magia, porque consegui tirar a febre do menino. Então, lá fui eu para a prisão novamente.

Quando subi na carroça, Simeão falou:

— Se o Pedro for preso, eu irei também.

Em pouco tempo, subiram na carroça Simeão, Mãezinha, Morena e mais cinco escravos.

Quando vi aquela multidão na carroça, perguntei ao policial:

— Será que tem lugar para todo mundo na prisão?

Com um semblante sério, o policial respondeu:

— Vocês estão todos presos. Vou levá-los para fora da cidade. Quero que o padre da cidade vizinha reze por todos vocês, pois estão possuídos.

E lá fomos nós para a prisão e para encontrarmos o padre.

Ao chegarmos à prisão, que já estava lotada, fomos recebidos pelo delegado, e eu só ouvi os presos dizerem:

— Pedro voltou! Pedro voltou!

Estiquei o pescoço e respondi:

— Meus filhos, que Jesus abençoe a todos vocês!

E aí começou a briga. Todos queriam que eu fosse para suas celas, então, falei:

— Filhos, eu sou um só!

Para acabar com as brigas, colocaram-me no corredor, pois, assim, todos me viam. Mãezinha, Morena e os cinco escravos ficaram do lado de fora, pois não havia lugar na prisão. Mas eles gritavam muito, porque não queriam que eu ficasse lá.

Todos na prisão me perguntavam:

— Pedro, por que você foi preso novamente?

Respondi baixinho:

— Porque apareceu na fazenda uma criancinha com o coração pequenino, que precisava de amor e oração. Eu orei por ele, e o menino ficou bom. Por isso fui preso.

Todos os prisioneiros ficaram revoltados com minha prisão, e um deles me perguntou:

— Mas isso é motivo para ser preso novamente? E você, sem ódio no coração, não fala nada? Mesmo acorrentado numa noite fria, não fala mal de ninguém?

Eu olhei para ele e disse:

— O que eu vou falar de alguém? Ninguém fere ninguém sem ter sido ferido antes. Pode olhar a mão do capataz, que bate com a chibata nas nossas costas. A mão dele está cortada. Pode olhar. Por que nós temos de ferir alguém? Temos que esquecer as ofensas. Temos que esquecer a mão que nos fere, porque é a mesma que nos abraça e dá carinho. O que mais vale não é a maldade que fazemos ou recebemos, mas, sim, a força que temos para receber ou não essas maldades. Na realidade, não existe maldade. Ela nada mais é do que uma lição de vida, que passa, assim como o dia passa, a noite passa, o frio passa, a chuva passa, tudo passa.

Ele voltou a me perguntar:

— Mas você não tem ódio no coração?

Sem perder tempo, respondi:

— Meu filho, meu coração velho só tem lugar para uma coisa: amor. Por isso vim visitá-los.

Enquanto eu falava, todos choravam. Completei:

— Em vez de encherem o coração de ódio, orem comigo.

Meus filhos, sempre que eu ia preso e colocavam correntes nos meus punhos, estavam ao meu lado alguns anjos de Deus, que eram Ferdinando, João, Saul e Felipe. Numa noite, Saul cuidou dos meus punhos que estavam inchados e fez uma oração que nunca mais esqueci:

"Oh, Senhor Jesus, de que valem as dores do pranto, da chaga, do peito rasgado, das costas flageladas? Oh, Senhor, se não valesse o Seu amor, que cai como canto dos pássaros, limpa a mente dos filhos de Deus, traduz a morte em vida, transformando a alucinação em benefícios de Deus.

"Oh, Senhor Deus, de que vale olhar aqueles que maltratam, mas, sim exaltar cada um deles como enfermos da alma que suplicam por misericórdia, que são ensandecidos do espírito? Oh, Jesus, de que vale perder o tempo de joelhos olhando para o próprio coração? Ensine-nos, Senhor, a passar pela dor da noite, pela escravidão, pela chaga do nosso coração, que, muitas vezes, é ferido pela dor da incompreensão. Ensine-nos, Senhor, a perdoar aqueles que nos tiram o pão da mesa, as alparcatas dos pés, a camisa do peito, e que nos rasgam a pele com o sangue que verte das mãos da ignorância, do preconceito e insanidade.

"Oh, Senhor, permita que cada coração que um dia fez o mal com uma mão consiga lembrar que tem a outra, que pode trabalhar e oferecer o pão. Oh, Senhor Jesus, permita que todos que ouvirem minha oração possam sentir o Seu abraço e que, abrandados da sua fúria íntima, se transformem em filhos de Deus, sem olhar para as marcas do que fizeram. Que eles possam recomeçar hoje pelas linhas do coração. E, por fim, Senhor, permita que o perdão se expanda nesse momento e que cada um receba agora Sua luz e Sua compaixão." Orou doutor Saul com muita fé.

Eu estava feliz, e, quando olhei, todos estavam chorando.

O dono da fazenda chegou para me libertar.

— Pode soltar meu escravo. Cadê você, Pedro?

— Estou aqui. Não fique bravo, não — respondi com carinho.

Ele libertou a todos, e os presos me pediram para eu ficar.

— Meus filhos, eu tenho que ir.

Um deles disse:

— Você tem que vir mais vezes aqui, Pedro.

— Eu virei vê-los.

Prometi que iria à prisão uma vez por semana para vê-los. Mãezinha e Morena faziam broas, e eu as entregava aos moços da prisão.

E a vida é assim, meus filhos. Um dia há tristeza e, no outro, alegria, mas sempre há Deus em nosso coração.

Para sua reflexão...

18
Piscar de olhos

"Meus filhos, pisquem os olhos, porque, assim, vocês estarão vivos na Terra."
Pedro

Em um lindo dia, vó Lina fez algumas deliciosas broas de milho. Nós pensávamos em como iríamos levar aqueles tabuleiros para todos os escravos. Quando vimos, os escravos foram lá e comeram tudo. Eles pensaram que iríamos brigar com eles, mas não fizemos isso.

Às vezes, meus filhos, há tanto sofrimento na vida por coisas sem valor. E, às vezes, colocamos dificuldades na nossa frente.

Se não podemos carregar cinco tabuleiros de broas de milho, por que não devemos chamar os outros amigos para vir comer?

Por isso, meus filhos, é hora de facilitar as coisas.

Eu tinha um burro que era muito inteligente. Algumas vezes, ele se deitava no meu colo, e todos diziam:

— Mas, Pedro, é para ele te levar e não o contrário.

O burro, no entanto, não queria levar nada. Bastava eu colocar um balaiozinho nas costas dele para que ele se sentasse, e ninguém era capaz de levantá-lo. Isso é inteligência.

Às vezes, nós temos que ser inteligentes. Se não aguentar levar o cesto nas costas, esvazie-o. Se não aguentarmos andar um quilômetro, andemos um passo, que já será bom demais.

Às vezes, sofremos na vida porque nos apegamos às coisas. Simeão dizia que, quando o burro morresse, eu morreria junto, porque onde um estava, lá estava o outro. No dia em que o burro morreu, eu disse assim:

— A dor fica, mas ela passa.

A vida, meus filhos, é igual a um piscar de olhos. Se não abrirmos o olho rapidamente, ele ficará fechado, e isso significa que morremos.

Por isso, meus filhos, pisquem os olhos, porque, assim, vocês estarão vivos na Terra.

Para sua reflexão...

19
Coragem

> "Se não for possível mudar a luta com suas mãos, isso significa que a luta não é sua. A luta é de Deus. Então, temos que devolver a luta a Ele. Por isso, meus filhos, seja o que for, tenham coragem."
>
> *Pedro*

Chegou à fazenda uma linda menina que parecia uma nuvem de Deus. Ela se aproximou de mim e disse:

— Eu fui embora daqui, e você me esqueceu, Pedro. Eu, no entanto, nunca me esqueci de você.

Olhei para os olhos dela e respondi:

— Filha, não é possível esquecer os amores.

A menina respondeu:

— Por onde eu passava, lembrava-me de você. Eu tropeçava no caminho e lembrava-me de você. Ia estudar e lembrava-me de você.

Carinhosamente, falei:

— Que bom que você voltou, filha.

A menina disse:

— Voltei para fazer o que havia lhe prometido.

Perguntei, então:

— Mas o que você prometeu para um velho feio como eu?

— Voltei para ensinar o tanto que aprendi. Havia lhe prometido isso e voltei para cumprir.

A jovem passou a ensinar os meninos da fazenda. Eu observava todos lá, e era lindo ver o desenvolvimento deles. Numa noite, eu estava sentado num velho tamborete, e ela aproximou-se dizendo:

— Pedro, só queria que você não morresse.

Rindo, respondi:

— Você também! Se eu morrer, filha, todos os rostos sujos que você ensinará serão eu. Todos os pés descalços que você calçará serão os meus. Todo coração sofrido que você acolherá com amor será o meu. E, quando me encontrar, sorrirei para você.

Por isso, meus filhos, não fiquem tristes. Às vezes, na vida, é na diferença que nós aprendemos. Às vezes, é na ignorância que ficamos mais fortes para aprendermos e ensinarmos aos outros.

Mas de que adianta ter inteligência se o coração não tem Jesus?

Se não podemos mudar o dia, meus filhos, só nos resta aceitar a luz que o dia nos dá. Se não podemos aceitar a luz do dia, temos que esperar a noite. Assim, a luz brilhará pelas estrelas e pela luz do luar.

Não há sofrimento que dure mais do que dois dias. O sofrimento de ontem não se mantém hoje e já desaparecerá amanhã. A sabedoria, entretanto, fica guardada em nossa mente.

Por isso, meus filhos, temos de ter coragem. Se não for possível mudar a luta com suas mãos, isso significa que a luta não é sua; a luta é de Deus. Então, temos que devolver a luta a Ele. Então, meus filhos, seja o que for, tenham coragem.

20
A inteligência

"Meus filhos, às vezes, vocês sofrem tanto pelas coisas. Não sofram, não! Deus dá a cada um de vocês o que justamente precisam. Para quem trabalha para Jesus não faltará o pão na mesa. Quem educa um filho de Deus faz com que não falte professor para ensinar e, assim, não faltará amor."

Pedro

Certa vez, chegou à fazenda um moço que resolveu fazer uma escolinha para os escravos.

A vó Lina, no entanto, não queria aprender. Ela dizia que o moço queria ensinar de tudo a ela: os números, as letras, a história, incluindo conhecimentos sobre o céu e a lua, mas Lina relutava a assistir às aulas. O moço perguntava se ela havia entendido as explicações, mas Lina nem respondia. O moço ficava bravo com ela e quase sempre lhe perguntava se havia perdido a língua. Lina respondia que tinha uma língua muito boa e que estava no mesmo lugar. Às vezes, eu e Simeão achávamos que Lina não era boa da cabeça, mas ela era a força de todos nós.

Esse moço ensinou os meninos da fazenda, fazendo-os ver o mundo de uma forma diferente, afinal de contas, a educação é o que há de melhor. Na Terra, todos que nascem são inteligentes. Alguns menos, e outros muito.

Às vezes, muitos de vocês fazem preces pedindo coisas materiais, no entanto, esquecem-se de que eu só tinha um chinelo velho, uma calça velha e uma camisa que, de vez em quando, eu rasgava para dar para os outros. Nunca sofri para ter as coisas, porque elas não eram minhas, mas me era emprestado o rio para pescar, a terra para plantar flores, que eu dava para as pessoas. Às vezes, eu tinha um saco de milho onde deitar a cabeça. Também tinha a companhia dos meus cachorros velhos. Simeão brincava dizendo que era tanto cachorro que eu nem conseguia me ver. Tinha também a companhia de uns burros velhos, que às vezes não conseguiam carregar o cesto nas costas, e eu, com o coração apertado, levava para eles.

Meus filhos, às vezes, vocês sofrem tanto pelas coisas. Não sofram, não! Deus dá a cada um de vocês o que justamente precisam. Para quem trabalha para Jesus não faltará o pão na mesa. Quem educa um filho de Deus faz com que não falte professor para ensinar e, assim, não faltará amor.

Não se esqueçam nunca de que os pais e as mães precisam dar colo aos filhos, porque, às vezes, os pais estão com a cabeça tão preocupada com o dia de amanhã que se esquecem de viver o hoje.

Todos me perguntavam como eu conseguia ser feliz com o pouco que tinha, e eu sempre respondia:

— Porque estou vivo.

Às vezes, questionavam:

— Pedro, você não guarda a broa para comer amanhã?

— Filho, a broa de amanhã vai chegar à minha barriga de um jeito ou de outro. E, se não tiver que chegar, não vai chegar.

— Mas, Pedro, você não tem preocupação com a chuva que vai cair amanhã?

— Filhos, eu prefiro experimentar a chuva de hoje, porque amanhã pode ser que não haja chuva.

E me perguntavam sempre:

— Pedro, você não tem medo de não ter onde dormir amanhã?

Para essa pergunta eu tinha a resposta na ponta da língua:

— Não, filho, porque eu despertei hoje para ver você.

Meus filhos, o que é de vocês sempre chegará a vocês. É como se fosse uma pescaria. Nós é que somos pescados pelo peixe, porque é ele que nos escolhe. Temos apenas que jogar a rede para o peixe vir, e é ele que escolherá a nossa rede, na hora certa e do jeito certo.

Então, meus filhos, em vez de terem a preocupação de pescar, sejam pescados pelo peixe, porque é ele que vai pescá-los.

21
Amor ao próximo

> "Olhem nas suas redondezas. Se vocês encontrarem alguém feliz, logo vocês estarão felizes também."
>
> *Pedro*

Certa noite, eu estava na fazenda e resolvi me sentar num banquinho. Eu conseguia ver várias pessoas cantando, felizes. Simeão chegou, e juntos começamos a observar a alegria daquela festa. Mãezinha aproximou-se e perguntou:

— Pedro, por que você fica olhando assim, com um sorriso no rosto, as pessoas cantarem e dançarem felizes?

— Porque não há nada melhor na vida do que ver alguém feliz — respondi.

Por isso, meus filhos, o coração é terra onde ninguém anda. Só Jesus! E os dois corações de um casal foram feitos para serem um só. É o amor, meus filhos.

Então, olhem dentro dos olhos dos amores de vocês e peçam a Deus e a Jesus que eles sejam felizes. Não deixem que os conflitos entrem no coração, porque ele não entende os conflitos, só entende o amor. O coração, quando se aproxima dos conflitos, fica doente. E, quando o amor fica doente, acaba-se a esperança.

Por isso, meus filhos, olhem nas suas redondezas. Se vocês encontrarem alguém feliz, logo vocês estarão felizes também.

Para sua reflexão...

22
A paciência como solução

"Às vezes, é muito bom olhar para a lua, ouvir as melodias dos cantores, olhar o braseiro da fogueira, porque não há brasa que dure a eternidade. A chuva, quando vem, apaga a brasa, e, quando nossas pernas ficam descansadas, Deus nos mostra um novo caminho para seguirmos ou nos desviarmos dos obstáculos. O nome disso, meus filhos, é paciência."

Pedro

Meus filhos, por vezes, as provas da vida fraquejam suas pernas. Dizem que falar é fácil, principalmente para quem está desencarnado, porém, vocês esquecem que eu vivi na terra de vocês como estrangeiro?

Fui um menino na terra de vocês. Nós, escravos, estávamos muito acostumados a fazer fogueira e admirar as brasas que se formavam.

Chamávamos o Brasil de braseiro, inclusive, porque, para nós, era muito quente viver na região na qual vivemos.

Mas o mesmo sol que queimava minha cabeça, queimava a cabeça do próximo também. A lua que vocês cantam, cantam as violas, cantam os dedos nos pianos, é a mesma lua que eu via na fazenda.

As estrelas no céu mudam de lugar, porque nossos amores viram estrelas. Por isso, meus filhos, eu acho que o céu está sempre cheio de estrelas. E a estrela que eu vejo no céu pode ser a mesma que vocês estão vendo.

A terra onde vocês pisam é a mesma em que pisei um dia, mas os problemas, os obstáculos da vida e a falta de pão na mesa nunca abalaram minha fé. Isso acontecia pois, na minha cabeça e no meu coração, o tempo passava muito rápido. Era igual a uma noite e um dia.

Meus filhos, Deus é tão bom que deu uma noite no meio de um dia para outro. Isso é bom para vocês pensarem e repousarem. Filhos, deixem a luz do dia iluminá-los, porque os problemas de ontem já não são os mesmos de hoje.

O que há de diferente é a forma como olhamos os problemas. Eu nunca os tive, porque nunca olhava as dificuldades como um problema. Eu sempre considerava a vida uma solução, uma oportunidade para melhorar.

Não olhem para os problemas nem para os obstáculos. Se hoje vocês não sabem como passar pelos obstáculos, sentem-se num banquinho e reflitam. Às vezes, é muito bom olhar para a lua, ouvir as melodias dos cantores, olhar o braseiro da fogueira, porque não há brasa que dure a eternidade.

A chuva, quando vem, apaga a brasa, e, quando nossas pernas ficam descansadas, Deus mostra um novo caminho para seguirmos ou nos desviarmos dos obstáculos. O nome disso, meus filhos, é paciência.

23

Um dia de cada vez

"Cada dia é um sopro de vento diferente. O vento é o mesmo, mas hoje ele sopra diferente. O calor que arde na pele de vocês vem do mesmo sol que dá a vida humana. A água que cai das nuvens do céu num dia nunca será a mesma do dia seguinte."

Pedro

A vida não dá salto. Se quisermos uma laranja, teremos de esperar a laranja. Se passamos um aperto na vida por causa dos outros, podemos perceber, às vezes, que este outro estava mais doente do que nós. Se passamos pela ignorância dos outros, temos de entender que a ignorância também é uma doença.

Cada dia é um sopro de vento diferente. O vento é o mesmo, mas hoje ele sopra diferente. O calor que arde na pele de vocês vem do mesmo sol que dá a vida humana. A água que cai das nuvens do céu num dia nunca será a mesma do dia seguinte.

Meus filhos, eu sempre vivi cada segundo de cada vez e muito feliz.

Quando Morena estava viva, ela sempre me dizia:

— Pedro, eu não entendo você. Se lhe dou uma migalha de broa, você fica tão feliz.

Eu fico feliz. Quando as pessoas estão felizes, eu fico feliz. Se vocês quiserem me deixar feliz, é muito simples: sejam felizes! Se vocês ficarem felizes, é porque entenderam que o vento que sopra hoje é o mesmo que soprará amanhã, mas de uma maneira diferente. Não se preocupem com o dia de amanhã.

O dono da fazenda sempre me perguntava:

— Pedro, você não tem medo de que a plantação não vingue?

Eu sempre respondia:

— Meu filho, se ela tiver de vingar, vai vingar. Se ela não tiver de vingar, não vai vingar.

Gosto muito de lembrar o que Machadinho nos dizia: “O que importa o que passou ontem? O que importa, filho, é o que temos hoje. Porque o hoje é o que vamos levar para a espiritualidade"[2].

Por isso, meus filhos, quando a preocupação vier à sua cabeça, durmam tranquilos, porque Deus está no comando.

Quando eu vivia, não tinha nada material. Eu apenas plantava. Sempre que alguém me perguntava: "Pedro, quem plantou?", eu respondia: "Jesus".

E me perguntavam novamente:

— Não foi você?

— Não. Eu só fui a enxada para abrir a terra, mas a obra é de Jesus.

E se vocês são obras de Jesus, por que temem? Não tenham medo! Jesus sempre fará o sol brilhar, a lua acender-se, e as estrelas piscarem no céu. Por isso, meus filhos, a lágrima que cai dos olhos de vocês não é diferente das outras. Todas são lágrimas, mas podemos chorar de alegria, e não de tristeza.

---

2 Nota da Médium: Machadinho é um espírito desencarnado, que, em sua última vida na Terra, foi poeta, notabilizando-se um grande artista.

24

Amor de pai e amor de filho

"O amor é igualzinho a um cacho de uva. O cacho, com as uvas grudadas, simboliza o conjunto de todas as vidas e dos amores que nós vivemos."

Pedro

Quando temos amor no coração, nem temos palavras para descrevê-lo. O amor, para mim, é igualzinho a um cacho de uva. As uvas estão todas no lugar certo. Nenhuma delas fica fora do lugar. E esse é meu amor por João, que foi meu filho em uma de minhas encarnações.

Na fazenda, em uma noite enluarada, um vento agradável soprava. As folhas das árvores batiam umas nas outras, como se elas estivessem aplaudindo a vida. Eram os aplausos da natureza para Deus. Eu estava sentado num tamborete, quando apareceu, na minha frente, o espírito João. Logo, lhe perguntei:

— Jesus enviou um anjo para me buscar. Vou morrer, não é, filho?

Enxerguei-o com os olhos cheios d'água e, ajoelhado, completei:

— Nunca me esqueci de você, meu filho.

João, inspirado por Deus e Nossa Senhora, declamou:

— Como pode se ajoelhar diante de mim? O mestre é você, Pedro. Eu sou apenas um aprendiz. Levante-se sobre seus pés, porque quem se ajoelha diante de você sou eu.

"Não importa as vidas que vivemos, o que importa é que venho jogar aos seus pés as flores que Nossa Senhora mandou. Cada pétala de rosa que lhe trago é para curar os açoites que a vida lhe deu. É parar curar suas mãos, abertas e sangradas pelas enxadas que cantam na terra. Quando você abria a terra com sua lâmina, ela cantava para você. Suas palavras em versos tão simples e tão grandiosos, mestre, são abençoadas àqueles que choram solitários na Terra.

"Eu lhe estendi as mãos tantas vezes para convidá-lo a vir comigo, porque você não precisa mais estar na Terra. E você, com os olhos radiantes como estrelas dos céus, dizia sempre: 'Enquanto alguém chorar na Terra, eu hei de ficar. Eu hei de dar as flores para florir e perfumar o coração dos doentes, das crianças, que batem os dentes com as barrigas vazias ou que estão debaixo do frio ou da chuva gelada, que lhes cai nos corpos miúdos escondidos nos arbustos'.

"Por onde você passa, elas choram e falam seu nome, e nos seus braços você as acolhe em tantas casas. Essas crianças crescem e se transformam em homens e mulheres, doutores, senhores, porém são aqueles que venceram a difícil vida nas estradas tortuosas. Então, lhe trago essas flores para que você possa continuar.

"É importante saber que, mesmo depois da morte, tudo vai passar e o que você deixou no chão são as flores plantadas por suas mãos. Quando você estiver no meu mundo, elas voltarão de mão em mão, e todos sorrirão. As lágrimas serão secadas pelas mãos de tantos. Todos ouvirão sua voz ecoando, e as árvores sobre as quais você falou há pouco o aplaudirão. Os anjos dos céus também o aplaudirão, porque você é a estrela cadente que ilumina e cai nos corações da Terra como grandioso filho de Deus. Como aprendiz, eu me curvo a receber a bênção do meu mestre. A você Pedro, o meu coração."

Por isso, meus filhos, o amor é igualzinho a um cacho de uva. O cacho, com as uvas grudadas, simboliza o conjunto de todas as vidas e dos amores que nós vivemos.

25
A verdadeira felicidade

"Passamos toda a vida querendo um teto e esquecemos que, acima de todos nós, há Deus e o céu, felizes, olhando para nós."

Pedro

Você é feliz?

Às vezes, na vida, meus filhos, nos esquecemos de ser felizes e não damos valor às coisas simples.

Quando eu estava na fazenda, adorava ver as moças dançando à luz da lua. Quando todos cantavam, todos ficavam felizes. Não importava se o dia seguinte vinha com trabalho no sol quente, com as enxadas velhas nas mãos nem com tarefas grandes para fazer. O importante é que éramos felizes.

E ser feliz é olhar um pé de laranja e sentir o cheiro da laranja; olhar um pé de limão e olhar o amor, mesmo que o limão tenha um sabor azedo. O que importa é nosso ponto de vista, mesmo que tenhamos apenas um segundo de felicidade.

Olhe para seu lado e veja seu amor, tão importante para você. Isso é felicidade.

E não se esqueçam de serem felizes quando cantarem e olharem para um pé de laranja. E só isso vale mais que qualquer riqueza.

Certo dia, o dono da fazenda me perguntou:

— Pedro, você quer vir morar aqui na casa-grande?

Respondi com outra pergunta:

— Mas, filho, para quê?

— Porque você está velho, Pedro. Precisa ter um teto maior e melhor.

Com muito carinho, respondi e fiz duas perguntas:

— Meu filho, não há nada melhor do que dormir olhando para as estrelas. Para que eu quero um teto em cima de mim? Para que eu quero um monte de paredes, se posso ter as flores perto de mim?

Às vezes, meus filhos, passamos toda a vida querendo um teto e esquecemos que, acima de todos nós, há Deus e o céu, felizes, olhando para nós. Por isso, meus filhos, sejam felizes, um minutinho que seja, pois somente isso já será uma boa lembrança para quando vocês chegarem aqui e passearem no jardim do lado de cá.

26

Nossa enxada e o trabalho de Deus

"Todas as vezes que vocês fizerem alguma coisa por alguém, saiam devagarzinho quando acabar, iguaizinhos a um caboclo velho, que pisa nas folhas secas e não faz barulho para ninguém ouvir. E lembrem-se de que nós somos somente a enxada, pois o trabalho é de Deus."

Pedro

Numa bela manhã, fui pescar, e eu sei que é o peixe que nos escolhe. Se o peixe não vem é porque ele não nos quer.

Estávamos eu e Simeão sentados numa pedra à beira do rio, esperando os peixes gostarem de nós. Estava um sossego só. Até os cachorros ficaram sentados ao nosso lado. De repente, escutei uma voz fina. Era Mãezinha me chamando:

— Pedro! Pedro!

— Estou aqui. Veio respirar um arzinho? O que aconteceu?

Mãezinha disse:

— O dono da fazenda chegou com uma moça grávida, que está dando à luz. Ele me pediu para te chamar urgentemente. Parece que ela não está nada bem. É para você ir à casa-grande rapidamente.

Peguei minha vara de pescar e minhas coisas, mexi nos cachorros para eles se levantarem, e, a cada coisa que eu fazia, Mãezinha ficava mais nervosa. Comecei a andar vagarosamente, e ela se desesperou:

— Pedro, andando assim, o menino já terá nascido quando você chegar. O dono da fazenda mandou trazer um burro para você ir montado nele.

— Não vou montado, não. Vou andar ao lado dele.

Quando cheguei, a moça olhou para mim com os olhos que pareciam dois pedacinhos do céu azul e perguntou:

— Eu morri?

— Não, minha filha.

— É que estou vendo um anjo — ela argumentou.

— Então, não sou eu.

Parei de falar, e ela logo disse:

— É você, sim.

Assim é o sofrimento da vida. A moça estava tentando dar à luz um menino. Depois, nasceu um menino forte e saudável. A moça ainda estava com dores, mas feliz. O pai ficou radiante com tanta felicidade. Enquanto todos festejavam, saí quietinho e fui embora.

Os dias se passaram. Certa feita, Mãezinha olhou para mim e falou:

— Pedro, você sumiu.

— Minha filha, na vida nós precisamos saber onde temos que ficar e quando temos que sair. A alegria daquela vida estava na mão de quem tinha que segurar. Eu só tinha uma enxada para trabalhar e dar alegria aos outros. E é isso, filha, que nós temos que aprender: fazer sem esperar nada em troca, porque a vida é de Deus. E se o trabalho correu bem é porque Jesus fez aquele trabalho. Se o menino nasceu foi porque Deus quis.

Por isso, todas as vezes que vocês fizerem alguma coisa por alguém, saiam devagarzinho quando acabar, iguaizinhos a um caboclo velho, que pisa nas folhas secas e não faz barulho para ninguém ouvir. E lembrem-se de que nós somos somente a enxada, pois o trabalho é de Deus.

27

Sendo feliz

> "Por isso, meus filhos, sejam felizes.
> Muito felizes."
> *Pedro*

Era uma noite muito fria na fazenda. Eu estava distraído, olhando para o céu e pensando na vida. Meus olhos estavam se perdendo no nada. Estava tão agradável que quase dormi. Naquele silêncio de Deus, de repente, comecei a ouvir gritos:

— Pedro! Pedro!

Levei um susto tão grande que quase caí do tamborete. Era Mãezinha, desesperada.

— Pedro, você tem que ir. Chegou à fazenda uma moça. Ela veio de longe, muito longe.

— Mas ela veio para me ver? Sou tão feio que ela vai levar um susto.

Mãezinha voltou a me chamar:

— Vamos, Pedro! Levante-se!

Eu me levantei e fui andando devagar, mas Mãezinha não estava satisfeita:

— Ande, Pedro. Ande, Pedro.

— Minha filha, eu estou muito velho. Minha sombra é que anda. Eu não ando mais. Minha sombra até já foi embora de mim, e nem sei onde ela está.

Cheguei à varanda da casa-grande e lá estava a moça, com uma ansiedade que, de longe, eu já havia notado.

— Pedro! Pedro! Eu preciso de você. Vim de longe para vê-lo, porque fiquei sabendo que você fala com os mortos.

— Filha, eu falo comigo mesmo. Estou tão velho que parece que morri.

Ela olhou nos meus olhos e falou:

— Pedro, eu trouxe meu filho. Ele ficou doente, e os médicos já fizeram tudo o que podia ser feito. Ninguém sabe o que ele tem.

Quando eu o vi, as lágrimas logo caíram dos meus olhos. O moço estava sentado numa cadeira e enrolado num cobertor velho.

A moça logo me falou do filho:

— Pedro, meu filho era feliz, inteligente e culto.

Quando cheguei perto do menino, ele partiu ferozmente para cima de mim. Cheguei até a cair no chão. Era uma forte possessão.

Todos o seguraram, eu me sentei ao lado dele e comecei a orar a Deus. Pedi a Ele para que ajudasse aquele moço. Ninguém está sozinho em nenhum momento da vida. Doutor Saul estava ao meu lado e me pediu para repetir a oração que ele iria me ditar:

— Perdoe! Com a força do vento, perdoe; com a força da chuva, perdoe; com a força do amor, perdoe. O amor liberta, e o perdão cura, mas, se não for possível perdoar tudo aquilo que este filho de Deus lhe fez, desculpe, esqueça e encontre um novo momento na sua vida, porque Deus abre a porta, e uma vida se lhe descortina.

"Para que possa encontrar, então, a paz de saber que o perdão conforta e cura as feridas de tantas e tantas vidas, perdoe. Perdoe, porque minhas mãos são suas, e encontre nesse instante divino o caminho da sua cura, que é o Nosso Senhor, que reluz e o chama para uma nova vida. Então, perdoe.

"Porque aquele que fere é ferido com o ferro quente da dor, que marca as costas de quem, muitas vezes, é ferido. Quem segura o ferro quente é também aquele que fere as mãos em brasa ardente. Perdoe. Se não for possível perdoar, desculpe, mas não perca um tempo mais massacrando aqueles que um dia massacraram seu coração.

"Busque a luz de Deus nas estradas que Ele coloca sob seus pés. Se estou aqui, é para que você possa seguir comigo a nova estrada, um novo mundo. E não quero saber quem você foi ou quem é, mas quero que saiba que, se eu estou aqui, é porque eu o amo simplesmente porque você é um filho de Deus. Então, venha comigo na nova estrada, na nova vida, no novo começo."

O menino adormeceu, e eu voltei para a senzala.

Na manhã seguinte, eu estava tirando leite de uma cabra, quando Mãezinha me chamou:

— Pedro! O dono da fazenda está te chamando.

Retornei à casa-grande da fazenda. O moço estava na varanda, sentado, comendo broas. Quando me viu, ele saiu correndo para me abraçar. Encheu de beijos minha cabeça e, agradecido, me perguntou:

— Pedro, não sei o que você fez comigo, mas estou muito bem. Como posso lhe agradecer?

Eu sorri para ele e respondi:

— Sendo feliz.

Por isso, meus filhos, sejam felizes. Muito felizes.

28
A paz interior

"Todas as vezes que vocês quiserem desistir de qualquer coisa devido aos problemas da vida, encham o coração de amor. Olhem para alguém que vocês amam e verão o que a vida lhes trará de volta: a paz interior."

Pedro

Eu estava na fazenda, tranquilo, sentado, tirando leite da vaca. Estava tão velho que meu coração nem batia mais; fazia apenas barulho no meu peito. De repente, Mãezinha chegou gritando:

— Pedro! Levante-se e venha comigo.

Muito curioso, perguntei:

— Mas por quê, minha filha?

Mãezinha, então, me revelou:

— O dono da fazenda mandou te chamar. Chegou um moço.

— Mas por que eu tenho de ir lá?

Mãezinha nem me respondeu.

Não entendi nada. Aprendi que, às vezes, é melhor nem entender. Algumas pessoas passam a vida toda querendo entender o que os outros falam e por que falam. Uns gostam de nós, outros, não. Algumas criaturas querem entender por que a flor nasce e morre. Aprendi também que, na vida, é melhor fazer o que ela quer: se alguém quiser me ver, vou até lá. Se não quiser, não vou. Mas, naquela hora, tinha de ir, então, lá fui eu.

Quando cheguei à casa-grande, o dono da fazenda disse:

— Pedro, meu amigo mandou o filho dele para cá. Eu não conhecia o menino, mas ele está com os miolos soltos. Não sei o que fazer.

Olhei para o dono da fazenda e disse:

— Mas, meu filho, seu amigo mandou o menino para você, não para mim.

Contrariado, ele respondeu:

— Mas eu estou mandando-o para você.

Cheguei à sala onde o moço estava sentado. Quando ele me viu, começou a chorar. Eu logo disse:

— Sei que sou feio demais, dou susto nas pessoas e que, quando todos olham para mim, logo choram.

O menino soluçava de tanto que chorava. Em meio a tanto desespero, ele me falou:

— Eu não tenho paz. Quero morrer para ter paz.

Ele, então, me contou as histórias difíceis dele. Quando terminou, convidei:

— Vamos dar uma volta comigo?

E lá fomos nós. A cada passo que dávamos, o moço chorava. Levei-o até onde a vaca estava. Tinha de pegar o balde, que já estava transbordando de leite. Peguei um banquinho e ofereci a ele. Fiquei de joelhos e continuei a ordenhar a vaca. Ficamos juntos o dia inteiro.

Quando a noite chegou, nós nos sentamos num tamborete e começamos a apreciar a fazenda. Mesmo com sofrimento, é possível ser feliz. Mesmo não tendo tudo, é possível ser feliz. E lá nós tínhamos os cantores que se apresentavam e as moças que dançavam felizes. Naquela festa, o moço encontrou uma escrava bonita, e logo os dois se apaixonaram. A felicidade estava estampada nos olhos deles.

Passaram-se os dias. Estava eu com Simeão, Morena e Mãezinha, quando os dois vieram. O moço se dirigiu a mim e disse:

— Pedro, queremos lhe contar uma coisa. Nós nos amamos e vamos nos casar. Estou, inclusive, preparando a alforria para ela. Agora, estou cheio de paz no coração.

Eu também estava feliz por ver a felicidade deles e falei:

— Meu filho, o coração só sabe uma coisa: amar. Seja o amor do moço pela moça, da moça pelo filho, o coração só tem amor. E, quando deixamos que ele tome conta do coração, aí nós temos paz.

Por isso, meus filhos, todas as vezes que vocês quiserem desistir de qualquer coisa devido aos problemas da vida, encham o coração de amor. Olhem para alguém que vocês amam e verão o que a vida lhes trará de volta: a paz interior.

29
Sempre com Jesus

"Ninguém está abandonado. Não importa o que você fez ou vai fazer. Jesus sempre lhe estenderá a mão."

Pedro

Quando cheguei ao Brasil, aprendi o que significava a palavra saudade, que soa dentro do coração.

Nunca esquecemos nossos amores no caminho, e Deus também não. Afinal de contas, como Ele esquecerá alguém no caminho?

Numa bela noite na fazenda, estávamos admirando uma festa, onde havia cantores e moças dançando felizes. Era uma felicidade só.

Notamos, então, que uma linda escrava não estava lá. Ela era nova e gostava dessas festas que aconteciam na fazenda, mas, naquela noite, ela não fora. A moça não estava cantando nem dançando.

Pouco depois, Mãezinha veio me avisar:

— Pedro, corre aqui para acudir!

Fui até Mãezinha e me deparei com a linda escrava deitada e com febre alta. A menina olhou para mim e falou:

— Pedro! Pedro! Acho que vou morrer. Estou com medo, Pedro. Queria tanto encontrar meus amigos na festa. Como faço?

— Filha, confie em Jesus.

A noite veio, e ela morreu.

A moça foi resgatada e, quando chegou ao plano espiritual, foi recebida pelos mentores com muito amor e carinho.

Portanto, meus filhos, ninguém está abandonado. Não importa o que você fez ou vai fazer. Jesus sempre lhe estenderá a mão.

Para sua reflexão...

30

Lembrança e recordação

"Lembrança é tudo aquilo que nós temos como marca no coração. Recordação, meu filho, é aquilo que perfuma o coração."

Pedro

Às vezes, confundimos lembrança com recordação.

Eu tinha uma mãe muito bonita.

Uma vez, meu pai colocou algumas pedrinhas perto da beira do rio só para ver o rosto dela.

Certo dia, minha mãe estava se banhando no rio e, quando chegou à beira, me disse:

— Pedro, meu filho, você sabe a diferença entre lembrança e recordação?

— Não sei, não, mãe.

Ela me explicou:

— Filho, lembrança é tudo aquilo que nós temos como marca no coração. Recordação, meu filho, é aquilo que perfuma o coração.

Nunca mais me esqueci desse bendito ensinamento.

Por isso, meus filhos, nunca se esqueçam dos amores, porque o amor é uma recordação, e a lembrança não tem mais razão de ser.

Para sua reflexão...

31
Confie sempre

"Nem tudo é tempestade. Tudo o que o vento derruba não é para o nosso mal; é para o nosso bem."

Pedro

Todo vento que sopra vem do hálito de Deus. E se vem do hálito de Deus, não faz mal a ninguém.

Cabe a nós saber cair e saber se levantar.

Chovia muito numa noite lá na fazenda. Era uma forte tempestade, com muito vento. A preocupação era grande, pois tínhamos plantado milho e faríamos a colheita num período de dez dias. Quando amanheceu, fomos com o dono da fazenda ver o milharal. O resultado da tempestade: não ficou um pé de milho em pé. Todos foram para o chão, e as espigas ainda não estavam no tempo de serem colhidas.

Quando nós plantamos, temos um planejamento. Não adianta colhermos antes do tempo. A espiga de milho só fica boa se for colhida no tempo certo, então só dava para alimentar os bois. O problema era que os milhos que estragaram serviriam para manter a fazenda. O dono da fazenda colocou as mãos na cabeça e, desesperadamente, me perguntou:

— Pedro! Pedro! O que vou fazer agora?

Fiquei observando o desespero dele. Quando ele parou de reclamar, tentei apaziguar o coração daquele homem.

— Meu filho, não tem problema. As espigas não estão boas para os homens, mas estão boas para os animais.

O dono da fazenda afirmou que iríamos utilizar metade do milho para alimentar o gado e a outra metade para vender à fazenda vizinha, que também utilizaria o alimento para os animais. Muito preocupado, ele me questionou:

— Quem vai comprar espiga de milho colhida antes do tempo de ficar madura?

Respondi com muita fé:

— Meu filho, confie em Jesus para recomeçar a plantação de milho.

O dono da fazenda estava inconsolável e chegou a me falar em desistir:

— Não vou plantar mais nada.

Retruquei:

— Filho, confie!

Colhemos o milho antes do tempo previsto. Demos metade da colheita para o gado, e o restante o dono da fazenda vendeu para a propriedade vizinha. Depois, arrumamos a terra e afofamos para plantarmos trigo.

O trigo vingou tanto que nós tivemos muita farinha. Era farinha para dar e vender. Tudo aquilo que se perdeu com o milho foi recuperado com a farinha. Portanto, meus filhos, nem tudo é tempestade. Tudo o que o vento derruba não é para o nosso mal; é para o nosso bem.

32
O que é nosso é nosso

"Nós temos que aprender a viver com aquilo que Deus coloca em nossas mãos. O que é nosso é nosso; o que é do outro é do outro."

Pedro

Na fazenda, em uma linda noite, Deus mostrava algumas de suas mais belas criações. A lua parecia um pedaço de algodão, que depois virou uma bola iluminada. As estrelas piscavam para nós no céu.

Eu estava sentado num tamborete, feliz e contente. Logo depois, Mãezinha chegou gritando:

— Pedro! Pedro!

— O que aconteceu? — perguntei.

Ela rapidamente me informou:

— Pedro, os meninos da fazenda estão cheios de fome.

— E o que você fez?

Mãezinha me confidenciou:

— Peguei duas vacas emprestadas, mas só vou devolvê-las amanhã. Foram apenas duas vaquinhas, porque são muito boas de dar leite. Vou devolver as vacas, mas não vou devolver o leite, porque já está na barriga dos meninos.

Ela ficou me olhando e questionou:

— Você não vai me julgar, não é?

Olhei para os olhos dela e respondi, indagando:

— Não, filha. Quem sou eu para julgar alguém? Você veio me contar as coisas que já fez. Virou passado. E o que a gente faz com o passado? O leite está na barriga dos meninos, e você já disse que vai devolver as vaquinhas. Então, por favor, devolva agora.

Mãezinha espantou-se e disse:

— Mas é por isso que vim falar com você. Eu peguei duas vacas. Não posso ficar com uma?

Logo tentei fazê-la desistir dessa ideia:

— Mas as vacas não são suas, filha. Na vida, não podemos ficar com coisas que não são nossas nem devemos sofrer por coisas que também não são nossas. Portanto, você precisa devolver as duas vaquinhas.

— Mas, Pedro — insistiu Mãezinha —, o dono tem muitas vacas... Ele nem vai sentir falta de uma.

Respirei e expliquei:

— Ele vai sentir, sim, a falta da vaquinha e pode sofrer por isso. Não podemos fazer ninguém sofrer por motivo algum.

Temos que aprender a viver com aquilo que Deus coloca em nossas mãos. O que é nosso é nosso; o que é do outro é do outro. Para isso, existe uma cerca para separar o que é do nosso lado e o que é do lado do vizinho, portanto, da cerca para cá, é nosso, e, da cerca para lá, é do vizinho. E os dois precisam conviver bem, porque apenas a cerca os separa.

Por isso, meus filhos, não sofram pelo passado nem pelas coisas que são dos outros. O que é de vocês sempre chegará até vocês. Basta somente confiar, sem perder a fé. O que tem de ser feito é levantar o joelho do chão e trabalhar.

Olhei para Mãezinha e aconselhei:

— Tudo passa. Devolva as vacas, por favor.

Mãezinha ficou contrariada com o que escutou.

Na manhã seguinte, o dono da fazenda me chamou e disse:

— Pedro, soube que acabou a comida na senzala. Vou lhe dar duas vaquinhas para que você tire o leite e dê às pessoas que estiverem com fome.

Mãezinha estava ao meu lado. Agradeci ao dono da fazenda dizendo:

— Que Jesus o abençoe! Só vou pegar as vaquinhas emprestadas, depois as devolvo para o senhor.

O dono da fazenda me interrompeu e afirmou:

— Não, Pedro! Eu estou lhe dando as duas vacas.

Mãezinha me dava beliscões no braço, que significavam: "Aceite as vacas, porque não vou devolvê-las". Quando o dono da fazenda se retirou, olhei para Mãezinha e disse:

— Filha, vamos tirar o leite das vaquinhas e depois vamos devolvê-las, porque as vacas são dele, não nossas. O que vou fazer com duas vacas?

Mãezinha me respondeu rapidamente:

— Você pode não fazer nada, mas eu sei o que vou fazer.

Como o dono da fazenda não quis as vaquinhas de volta, Mãezinha ficou com elas. Então, foi a minha vez de orientá-la.

— Viu, filha? Não queira as coisas dos outros, porque o que é nosso chega às nossas mãos. É só saber esperar.

33

O medo do passado

"Não importa o que nós fomos. O mais importante é a oportunidade que temos de melhorar a cada vida e saber que, se não agirmos com nossos esforços, Deus agirá com a luz."

Pedro

Certa vez, o dono da fazenda me chamou porque chegara uma mocinha que estava sofrendo muito. Era um sofrimento tão grande que, quando olhávamos para ela, nossos olhos se enchiam de água.

— Pedro, vá lá falar com ela, porque você tem boas palavras para dizer. A moça está num grande sofrimento por causa da morte do amor da vida dela. Na verdade, ela não sabe o que fazer da vida — disse o dono da fazenda.

A moça estava sentada na varanda. Cheguei perto, e ela logo baixou a cabeça, demonstrando todo o seu sofrimento. Às vezes, olhamos a morte e ficamos tristes, mas esquecemos que vivemos. Quando fui falar com a menina, ela correu para me dar um abraço. A mocinha estava aos prantos. Perguntei:

— Minha filha, por que está chorando desse jeito? É porque sou feio e lhe dei um susto?

Quanto mais eu falava, mais ela chorava. A moça, então, sentou-se novamente e disse:

— Pedro, eu olho para você e algo mexe dentro de mim. Não sei dizer o que acontece.

Respondi e logo perguntei:

— É que sou feio, minha filha. Mas por que tanta tristeza num só coração?

Ela explicou o motivo do sofrimento:

— Pedro, meu marido morreu de forma inesperada. A vida acabou para mim. Não sei mais o que fazer. Meu coração não é mais nada. Quero morrer também.

Nessa hora, fui intuído por algum espírito, que colocou as mãos nos meus ombros e disse: "Fale com ela, Pedro!". Olhando para a moça, eu disse:

— Filha, não desista da vida, porque Deus tem sempre o melhor para cada um de nós.

A moça me confidenciou:

— Eu tenho muito medo, Pedro. Como vou viver agora?

Com muito amor, disse à menina:

— Filha, seu marido se foi, mas lhe deixou um presente. Você tem um menino na barriga.

Espantada, a jovem perguntou:

— Como você sabe, Pedro?

— Filha, você vai ver.

Passaram-se alguns dias, e, quando eu estava sentado num tamborete, a moça veio novamente e trouxe a confirmação:

— Pedro! Eu fui ao médico, e ele me disse que realmente estou grávida. E será mesmo um menino.

Fiquei muito feliz com a notícia, mas, na verdade, eu já sabia.

Ela completou:

— Pedro, agora eu tenho medo.

— Ainda está com medo, filha? Medo de quê?

Preocupada, ela perguntou:

— Como vou educar o menino sozinha?

Então, eu a aconselhei:

— Filha, você não está sozinha. Neste momento, viva a alegria de ser mãe. Depois, você pensa nas preocupações de ter um filho. Uma coisa por vez.

O menino nasceu, e a moça ficou na fazenda. Quando ele tinha oito anos, e eu estava bem velhinho, o menino me perguntou:

— Pedro, você não vai morrer, né?

Eu respondi com outra pergunta:

— Até você, meu filho, me pergunta isso? Um dia, eu vou morrer.

O menino, então, me fez um pedido:

— Se você morrer, Pedro, você não vai se esquecer de mim, né?

— Meu filho, como vou esquecer meus amores? Fui eu quem o trouxe, com minhas mãos, para o mundo.

Ele insistiu:

— Mesmo nos momentos em que eu errar, Pedro, não se esqueça de mim.

— Nunca vou me esquecer de você, meu filho.

O menino vinha de outras encarnações difíceis, quando passou por algumas provas em que sucumbiu. Mas não importa o que nós fomos. O mais importante é a oportunidade que temos de melhorar a cada vida e saber que, se não agirmos com nossos esforços, Deus agirá com a luz.

Por isso, meus filhos, não julguem e não falem. Perdoem e sigam, porque, se num dia estamos no alto, no outro, estaremos no chão. E Deus sempre vai amparar a todos.

Para sua reflexão...

34
A paciência dentro de nós

"A paciência é igual a um golpe de vento. Sopra, levanta e faz com que se perca nas terras da estrada. Por isso, meus filhos, não devemos pedir para as pessoas terem paciência. Nós que temos de ser pacientes."

Pedro

Era uma bela noite enluarada na fazenda. As estrelas sorriam para nós, enquanto os galhos queimavam na fogueira para nos proteger do frio. De repente, Mãezinha se aproximou e, preocupada, reclamou:

— Pedro, está faltando leite!

Eu continuei olhando para a lua, admirando essa dádiva de Deus. Mãezinha ficou brava e disse:

— Pedro, você está velho, mas agora está ficando surdo?

— O que disse, minha filha?

Mãezinha tornou a reclamar:

— Você não está prestando atenção em mim.

Ela falou, falou e falou. Quando acabou, eu a chamei e fiz uma proposta:

— Filha, sente-se aqui e olhe para o céu.

Ela ficou admirando a lua, as estrelas e ouvindo os galhos cantarem. Mais tranquila, Mãezinha me confidenciou:

— Pedro, eu estou com uma paz no coração. Impressionante!

Chegou minha hora de falar:

— Então, filha, vamos agradecer a Deus assim: "Ô, Jesus, que nos dá o galho para a fogueira, que machuca o galho com o fogo e, mesmo assim, o galho canta para nós. Ô, Jesus, que nos dá a lua lá no céu, que não podemos tocar, mas ilumina nossa mente cansada e nos faz trabalhar. Ô, Jesus, que nos dá as estrelas para quando nós formos reclamar, percebendo que há sempre alguém no céu olhando por nós para que possamos acertar. Ô, Jesus, que nos dá a terra, que, mesmo chorando, continua trabalhando para nos dar o que comer no dia que vem ou que nos deu no dia que passou.

Por isso, Jesus, é no silêncio da oração que nós Lhe agradecemos, porque só assim conseguiremos vencer".

Mãezinha se derrubou em lágrimas. Depois, levantou-se e disse:

— Vamos lá, Pedro. Vamos lá.

Então, Mãezinha foi trabalhar.

Meus filhos, assim é a vida. A paciência é igual a um golpe de vento. Sopra, levanta e faz com que se perca nas terras da estrada. Por isso, meus filhos, não devemos pedir para as pessoas terem paciência. Nós que temos de ser pacientes.

35
Sim, senhor

"Aceitar as coisas da vida que não podemos mudar, por isso, 'sim, senhor'."

Pedro

Certa vez, chegou à fazenda um moço novinho. Era um médico, filho de um amigo do dono da fazenda, um menino orgulhoso, vaidoso e muito falante. Eu estava sentado num tamborete, quando o dono da fazenda me avisou:

— Pedro, amanhã vou deixar o moço aos seus cuidados, porque você é mais paciente. Ele precisa conhecer as terras e a realidade da vida.

Simeão e eu fomos esperar o menino. Pegamos a melhor carroça, a limpamos, para que nada fosse motivo de reclamação.

Ele subiu na carroça, reclamando e olhando para todos os lados. Para tudo o que ele falava, nós respondíamos: "Sim, senhor". Num determinado momento, ele me perguntou:

— Velho, você só sabe dizer "sim, senhor"?

Eu tornei a responder:

— Sim, senhor.

Foram cinco dias de chuva na fazenda, e, junto com a chuva, vieram as gripes e as febres. O moço, então, teve que tratar os doentes da fazenda, mas, mesmo assim, ele reclamava:

— Há muitos doentes nesta fazenda.

— Filho, você é médico. Cuide dos doentes — respondi.

Espantado, ele me revelou:

— Mas eu só sabia cuidar dos doentes nos livros. Nunca tratei uma pessoa.

— Então, saia dos livros e entre nos vivos.

O médico confidenciou:

— Eu chego perto, e eles gritam "ai".

Logo argumentei:

— Mas, meu filho, eles estão com dores. Você queria que eles gritassem o quê?

O médico me disse:

— Pedro, eles estão suando de febre!

Mãezinha, Morena e eu corremos para buscar água para tentar baixar a febre das pessoas.

A noite passou, e o médico não fazia nada nem dizia uma palavra.

Na manhã seguinte, o rapaz foi embora. Enquanto isso, ficamos tratando as pessoas. Três dias depois, ele apareceu e me questionou:

— Pedro, você ainda não foi embora?

Respondi com muito amor no coração:

— Não, meu filho. Enquanto houver alguém chorando, eu estarei ali ao lado da pessoa.

Envolvido com tanta ternura, o médico mostrou um desejo de cuidar daquelas pessoas. Então, eu reforcei:

— Filho, seus livros estão pedindo ajuda.

Ele "arregaçou as mangas" e começou a tratar as pessoas. Até que chegou a hora de uma escrava novinha, mais ou menos da idade do médico, ter uma consulta com ele. Foram dez dias de tratamento para a menina ficar curada. Os dois se entenderam e se casaram. Tiveram quatorze filhos, sendo que cinco eu vi nascer.

Num belo dia, ele se aproximou e disse:

— Pedro, eu aprendi três lições. Sabe quais?

— Sim, meu filho. Aceitar as coisas da vida que não podemos mudar, por isso, "sim, senhor"; se adaptar, meu filho, pois o livro ensina, mas a mão aprende; e a terceira, filho, é o amor, porque o que a mão não aprendeu e o que os livros não ensinaram, o amor aprende, muda, transforma e une, assim como uniu vocês. Por isso, meu filho, "sim, senhor".

36
Presente de Jesus

"Jesus sempre vai nos dar o que precisamos. Para isso, não podemos ter o coração doído. Temos que entender as coisas de Jesus e seguir em frente."

Pedro

Era uma linda noite de Natal. Eu estava admirando o céu, quando Mãezinha se aproximou e disse:

— Pedro, nós temos que dar comida para os meninos. Olhe a fazenda cheia, com várias pessoas alegres, e você orando a Jesus? O que eu vou fazer? Por que lá há riqueza? Por que lá há mesa farta? Por que lá tem festa, e nós, aqui, estamos sem ter o que comer, vestir e oferecer no dia de Natal? Pedro, Jesus não está vendo isso, não?

Eram tantas perguntas que eu nem me lembro de todas. Com muito amor, pedi para Mãezinha deitar a cabeça no meu colo. Mãezinha estava tão triste que soluçava de tanto chorar. Ela lembrou que passei minha vida toda falando de Jesus e recolhendo meninos abandonados. Enquanto as pessoas na fazenda riam felizes, Mãezinha chorava e os escravos também. Eu disse:

— Meus filhos, não reparem nos outros. Não olhem para a mesa dos outros, o sapato dos outros, as coisas que não são suas. Olhem para si. Deus colocou a vida na mão de vocês. Não olhem para trás, para as coisas que vocês perderam, para as coisas que passaram, para o sapato que não têm. Nosso sapato é essencial, porque é nosso e não de outra pessoa. Valorizem o teto em cima de nossas cabeças, porque é nosso e não do outro. Deus oferece o suficiente para cada um.

Mãezinha olhou para mim e perguntou:

— Pedro, Jesus vai fazer um milagre?

Logo pedi para que orássemos, e a prece foi assim:

— Jesus, perdão, Senhor. Quando nossos olhos só veem a sombra da noite e não veem a lua e as estrelas, Senhor. Perdão, Jesus, quando reclamamos do furo em nossas sandálias, quando os outros, às vezes, nem têm um pé para colocar em uma sandália velha. Jesus, perdão, Senhor, quando queremos uma mesa farta e não olhamos para aqueles que não tiveram a possibilidade de comer uma broa. Jesus, perdão! Perdão, Jesus, quando reclamamos da nossa casa, que nos acolhe da chuva, enquanto há outras pessoas que nascem na rua, esquecidas à noite e sozinhas. Perdão, Jesus, quando falamos demais e esquecemos que a oração é o que preenche o coração. Ô, Jesus, perdão, Senhor, por nos acharmos injustiçados e esquecermos que temos uma vida e a oportunidade de viver.

Antes que eu terminasse a oração, um rapaz da fazenda se aproximou e falou:

— Pedro! Pedro! Vim lhe trazer um presente. Quero que entre na sua casa para ver o que fizemos para você.

Andei vagarosamente, e, quando cheguei, era uma festa com muita alegria. O moço veio em minha direção e confidenciou:

— Pedro, sei que você nunca iria me pedir, mas vim até aqui e perguntei a Simeão e Morena o que o deixaria feliz. Eles me responderam que, no dia em que se comemora o nascimento de Jesus, você gostaria de ver todos os escravos comendo e felizes aqui na fazenda.

Todos os escravos estavam saciados e muito felizes. Foi um presente de Deus vê-los alegres e tendo o que comer. O menino da fazenda também estava feliz. Ele olhou para mim, deu um beijo na minha cabeça e me perguntou:

— Você não vai comer sua comida, Pedro?

— Filho, eu agradeço muito, mas não se preocupe comigo. Dê minha comida para outra pessoa. Ficarei mais feliz assim.

Mãezinha chegou perto de mim e, com os olhos cheios de lágrimas, perguntou:

— Você sabia que o menino da fazenda iria nos presentear com a comida, Pedro?

Respondi imediatamente:

— Não, filha.

— Pedro, temos que falar todos os dias que você quer um presente, pois, assim, nunca mais vai faltar comida para os escravos.

— Filha, não fale isso, não. O presente tem que partir de quem presenteia e não daquele que recebe.

Jesus sempre vai nos dar o que precisamos. Para isso, não podemos ter o coração doído. Temos que entender as coisas de Jesus e seguirmos em frente.

37

Recebemos sempre o que é nosso

"Meus filhos, tudo o que é nosso sempre dá um jeitinho de chegar às nossas mãos. O que temos de fazer é agradecer sempre."

Pedro

Num belo dia na fazenda, eu recebi um presente do dono. Ele me deu um pedacinho de terra para que nós fizéssemos uma casa. Com muito carinho, ele me propôs:

— Olhe lá, Pedro. Naquele pedaço de terra, você poderá fazer uma casa para colocar os meninos que você cria.

Realmente, nossa casa não estava muito boa. Então, muito felizes, nos mudamos para a nova morada.

Meus filhos, tudo na vida tem começo, meio e fim, por isso temos que aproveitar a vida.

Dez dias depois de nos mudarmos para lá, começou a chover muito. O rio próximo à nova casa encheu e transbordou. Só deu tempo de tirarmos os meninos de lá. A água levou tudo, e todos ficaram tristes. Mãezinha se aproximou e me perguntou:

— E agora, Pedro? O que será de nós?

Fiquei sentado num banco e não sabia o que dizer. Baixei a cabeça e olhei para a terra, quando um menino chegou perto de mim e indagou:

— Pedro, onde eu vou dormir?

Sem ter o que responder, observei que a água tinha baixado e não havia sobrado nada da casa. Baixei a cabeça e entrei em oração. Foi quando o espírito João, que foi meu filho em outra vida, se aproximou, colocou a mão em cima da minha mão e disse:

— Não chore, Pedro. Nós somos capazes de ir aos céus buscar as estrelas e colocar aos seus pés. Um anjo não chora porque não sente dor, mas se entristece vendo a dor alheia. Nós viemos recolher com as mãos a dor alheia para trazer um pouco de paz ao coração que chora faminto e suplica o leito que a água carregou.

Não chore. Quando tudo parece perdido, quando as águas levam a esperança embora, quando tudo passa e as águas baixam, ali está a oportunidade de recomeçar, abandonar, buscar, construir e de seguir. Se as águas levaram é porque tudo pertencia a elas e não a você. Então, não chore, porque tudo o que Deus oferece aos seus filhos, a mesma água que leva também traz de volta a certeza de que tudo recomeça.

"E, se eu não posso lhe dar um castelo para que você viva nele nesta vida, então, Pedro, eu lhe dou meu coração para que o tempo e a chuva não massacrem o seu. Eu lhe dou minhas mãos para que tenha força para recomeçar, e, quando você cair de joelhos, terá meus joelhos para não se machucar. Aonde quer que eu vá, você sempre será o que é para mim: um anjo de Deus a quem me curvo e suplico que me abençoe para que eu possa voar" — concluiu João.

Meus olhos encheram-se de água.

Por isso, meus filhos, o que tem de acontecer, acontece.

Na manhã seguinte, o dono da fazenda me procurou e, espantado, me falou:

— Pedro, eu não sabia que o rio passava perto dali e muito menos que ele enchia. Vou lhe dar outro pedaço de terra mais acima. Lá, eu tenho certeza de que, mesmo que chova muito, a água do rio não chegará.

Em dois dias, fizemos nossa nova casa.

Meus filhos, tudo o que é nosso sempre dá um jeitinho de chegar às nossas mãos. O que temos de fazer é agradecer sempre.

38

O assopro da vida

"Assopre, pois o vento ajuda a empurrar; porque enquanto estamos assoprando, nós não reclamamos."

Pedro

Na vida, temos dias bons e dias que não são bons, e Mãezinha não entendia o porquê. Ela sempre me perguntava:

— Pedro, por que temos dias bons e ruins?

Eu sempre respondia:

— Filha, a vida é um professor. E um bom professor não dá lição fácil todos os dias, porque, se desse, não evoluiríamos.

Meus filhos, aconteça o que acontecer, quando o dia não for bom, temos que assoprar. Enquanto dizia isso, as pessoas me perguntavam se eu havia ficado doido, mas é a pura verdade. Assopre, pois o vento ajuda a empurrar;

porque enquanto estamos assoprando, nós não reclamamos.

Para sua reflexão...

39

Olhar para Frente

"O vento sopra para frente, o passarinho voa para frente, as águas do rio correm para frente, a ventania, quando vem, nos leva para frente, quando nós subimos em uma árvore, colocamos a cabeça para cima para darmos o impulso para frente. Filha, a vida é para frente, e nós temos que acreditar nisso."

Pedro

Meus filhos, a vida é igualzinha a um sopro. Quando andamos, nós assopramos, e é aí que começa a nossa história.

Num belo dia, eu estava andando bem devagar, pensativo, voltando para casa. Ainda estava longe para chegar, por isso deu tempo de refletir bastante. Nossa casa tinha sido reconstruída pela terceira vez, já que as outras duas haviam caído e, naquele momento, estavam inabitáveis. Todas as vezes que as casas começavam a cair, eu dizia:

— Mãezinha, vamos embora! A casa está rachada.

E era hora de seguir, de mudar de lugar. Montamos a casa, a arrumamos, e ela ficou bem bonita. Lá fomos nós, meus filhos. Mãezinha reclamava, porque não sabia se a nova casa comportaria o número de pessoas que levaríamos conosco. Ela disse assim:

— Pedro, como nós vamos colocar todo mundo ali?

Respondi com outra pergunta:

— Filha, você percebeu que, quando andamos, isso nos faz assoprar?

Surpresa, ela perguntou:

— Pedro, você ficou doido? Como andar assopra?

Expliquei com todo o carinho:

— Minha filha, toda vez que andamos, o ar sai da nossa boca.

Mãezinha argumentou:

— Mas, Pedro, como poderia ser diferente? O ar sai, sim, pois, se não saísse, estaríamos mortos.

— É, filha. Todas as vezes que andamos para frente, o ar sopra para nós irmos para frente. Sua voz, quando reclama, também faz soprar para frente. A falta do pão na mesa, sobre a qual você reclama, está soprando para frente. A falta de água, sobre a qual você reclama, está soprando para frente. Ou seja, sempre quando você fala, está soprando para frente. Não existe ar que seja soprado para trás. O ar sempre é soprado para frente. Por isso, minha filha, a mesma palavra que você usa para reclamar ou agradecer é soprada para frente. Cabe a nós escolher o que vamos fazer: reclamar ou ser feliz, pois as duas possibilidades nos fazem assoprar para frente. Só há uma diferença: se nós falarmos coisas boas, vamos para frente, felizes, mas, se reclamarmos, vamos machucados para frente.

Mãezinha parou, refletiu e disse que não havia pensado nisso.

Complementei:

— Filha, sendo assim, vamos subir essa estrada sem contar o que ficou para trás, olhando sempre para frente. Olhando para as pedras, para os passarinhos que cantam, para as vaquinhas que estão vindo, para os cachorrinhos que se roçam em nós, para o burro que fica sentado porque não quer levar o peso nas costas. Filha, olhe para o fim da estrada, mas não olhe para trás. O vento sopra para frente, o passarinho voa para frente, as águas do rio correm para frente, a ventania, quando vem, nos leva para frente, quando nós subimos em uma árvore, colocamos a cabeça para cima para darmos o impulso para frente. Filha, a vida é para frente, e nós temos que acreditar nisso.

Quando acabei de falar, mãezinha estava me olhando atenta, e Morena, que até então estava quieta, falou:

— Pedro, mas não é que é mesmo. Ser feliz e reclamar são coisas distintas: na primeira possibilidade, nós somos felizes; na segunda, nos machucamos.

Meus filhos, basta escolhermos ser felizes!

40
O caminho do coração

"O caminho é um só: o do coração. Todas as vezes que nos desviamos do coração, nos desviamos de Jesus. É importante, meus filhos, ouvir o coração e não temer."

Pedro

Uma moça encarnada estava caminhando numa fazenda pequenina. Chegou debaixo de uma linda árvore, elevou o pensamento e me perguntou:

— Pedro, você está me ouvindo?

Eu, já desencarnado, estava ouvindo-a. Aliás, eu ouço tudo o que me dizem. São vocês, meus filhos, que não me ouvem, mas eu ouvia perfeitamente a moça. E ela continuou:

— Pedro, qual é o caminho que nós temos de seguir? Por que os homens estão tão egoístas? Pedro, para onde eu vou?

Respondi dizendo que o caminho é um só: o do coração. Todas as vezes que nos desviamos do coração, nos desviamos de Jesus. É importante, meus filhos, ouvir o coração e não temer, porque o temor é a razão falando "não". E, às vezes, a razão tem que falar "sim". Ela usa o coração para falar "sim", porque o coração e a razão são irmãos. Eles caminham com as mãos bem juntas, e o coração só fala "sim".

Às vezes, o temor vem para que nós possamos achar o caminho. E o caminho é Jesus, que é a verdade e a vida, como Ele mesmo nos disse. Por isso, meus filhos, ouçam sempre o coração.

Para sua reflexão...

41
Despedida

"Eu me emocionei e me enchi de coragem para o que vinha a seguir. Depois eu fui para a vida, para a terra de vocês. Vivi demais e agora estou do lado de cá. Fui muito feliz na terra de vocês."

Pedro

Eu tinha um pai e uma mãe muito bonitos e queridos. Em uma noite, dias antes da minha viagem para o Brasil, meu pai estava ao lado de um padre, que veio me educar e me preparar para vir para a terra de vocês. Na verdade, o padre era Ferdinando em uma de suas encarnações. Meu paizinho me colocou no colo dele e me abraçou como se estivesse se despedindo de mim. O padre olhou nos meus olhos, segurou meu queixo, me acariciou a cabeça e em lágrimas me disse:

— Pedro, amanhã será um novo dia, talvez um mundo novo, uma nova história. Amanhã, você deixará de ser criança, de ser um menino. Em outros lugares que seus pés pisarem, você vai marcar o coração dos homens com a força de Deus e com o ensinamento de Jesus Cristo, aonde quer que você vá. Suas mãos hão de tocar os jardins, e as flores vão se abrir e sorrir para você. E, quando alguém chorar, seja aqui ou onde você estiver, as flores que você tocar e distribuir com suas mãos vão devolver o sorriso a quem chora num pranto sofrido, seja ele com as mãos nas argolas ou no coração entristecido pelo egoísmo dos homens, ou pelas leis escritas pelo egoísmo das mãos dos doutores de agora.

Eu escutava as palavras do padre, que era Ferdinando em uma das suas encarnações, e ele continuou:

— Você deixará de ser menino porque veio dos céus. E, quando se transformar num homem perfeito, você falará com Jesus Cristo com seus atos e exemplos. E cada vez que o açoite dos homens cair sobre você, olhe para o céu, pois estarei segurando suas mãos pequeninas em minhas mãos. Eu estarei do lado de lá, onde o homem continua a viver. Cada vez que você cair de joelhos, estarei ao seu lado para colocá-lo em pé, como você merece estar.

E Ferdinando complementou:

— Mesmo que os homens sejam o exemplo vivo do sofrimento ou egoísmo, você demonstrará com o exemplo o que é sorrir diante da dor e orar por aqueles que fizeram de sua vida um mar de dor. Você será o exemplo do perdão. E, quando passar pelo sangue que jorra dos homens, pelos seus sofrimentos na carne ou no coração, você há de perdoar aqueles que o levaram ao suplício e ensinar a todos os homens da Terra que perdoar é igual à luz de um novo dia. Que cada vez que o perdão se volta ao coração, lá habita o amor, e com o amor você transformará o mundo. Aqueles que estarão à sua volta desejarão que você viva a vida muito mais. Mas, quando as forças físicas esgotarem-se no seu corpo, que hoje é ainda menino, e quando você chegar à velhice, ah, Pedro, vou esperá-lo e o perfumarei com as luzes de Deus e com as pétalas das flores de Nossa Senhora. E, quando você adentrar o mundo invisível, onde estarei, porque nós não morremos, nós renascemos, Pedro, eu só direi: "Ave, Pedro!". Você, então, voltará como o imperador do meu mundo. Ave, Pedro!

Eu me emocionei e me enchi de coragem para o que vinha a seguir.

Depois, fui para a vida, para a terra de vocês. Vivi demais e agora estou do lado de cá. Fui muito feliz na terra de vocês. Às vezes, as pessoas pensam e perguntam:

— Como pôde ter sido feliz como escravo?

Eu não fui escravo, meus filhos, porque no meu coração só havia amor. Quando nós ficamos escravos, nós não perdoamos.

42
O nosso milho

"Na vida, nós só perdemos o que não é nosso, porque o que é nosso já está conosco ou está procurando um jeito de chegar até nós."

Pedro

Na fazenda, certa época, a plantação de milho foi muito grande e conseguimos nossa melhor colheita. Era muito milho. Estávamos muito felizes com aquela quantidade de milho que Deus nos dera.

Na noite seguinte, dois vizinhos levaram metade da colheita. Assim que o sol se pôs, o dono da fazenda se espantou com o ocorrido:

— Pedro, veja o que aconteceu! Pegaram metade de tudo o que plantei. Vou lá buscar.

Cheguei perto dele e tentei consolá-lo:

— Filho, sente-se aqui um pouquinho. Quanto sobrou de milho?

— Sobrou metade do que colhemos e batemos.

Tornei a perguntar:

— Não foi a melhor colheita que tivemos nos últimos cinco anos?

Ele pensou e me disse:

— Foi, sim, Pedro.

Perguntei novamente:

— O que você tem para vender na cidade atende às suas necessidades?

Logo, o dono da fazenda respondeu:

— Dá, Pedro. E ainda vai sobrar para comprarmos mais sementes para plantarmos depois.

Continuei perguntando:

— Você precisava daquela quantidade de milho que os vizinhos pegaram?

— Seria bom que tivéssemos esse excedente. É bom ter sempre a mais.

Olhei para os olhos dele e disse:

— Mas, meu filho, se o que sobrou atende às suas necessidades e dá para comprar mais sementes, por que você vai buscar a outra metade que nem se sabe onde está? Por que vai perder seu tempo? Por que não cuida do milho que você tem? Ele está prontinho.

O dono da fazenda concordou comigo:

— É verdade, Pedro. Estou aqui preocupado com parte da colheita que se foi. Perdi meu tempo, porque já poderia ter ido à cidade para vender o milho e comprar sementes.

Abracei o dono da fazenda e disse:

— Meu filho, na vida, nós só perdemos o que não é nosso, porque o que é nosso já está conosco ou está procurando um jeito de chegar até nós.

Por isso, meus filhos, não chorem pelos milhos que vocês perderam, mas trabalhem os milhos que ficaram.

43
Liberdade

"A vida é igual a uma pequena borboleta. Ela bate asas, voa quando quer, mas sempre volta para pousar em nós, quando ela quer."

Pedro

Passei a minha vida toda ouvindo as pessoas me perguntarem por que eu aceitava ser um escravo, já que não precisava mais. Todos me diziam que eu podia ser livre, e eu sempre respondia que a liberdade não está numa folha de papel. A liberdade está na nossa cabeça e em nosso coração.

Não importa o que erramos ontem; o que importa é o que acertamos hoje.

Às vezes, meus filhos perdem tanto tempo com o passado, relembrando aqueles que os feriram, mas ninguém fere o coração de ninguém.

Nós temos coração para amar. Não há outra coisa que o coração entenda.

Quando sentimos que nosso coração está ferido, na verdade, são a vaidade e o egoísmo que estão feridos.

Por isso, meus filhos, a vida é igual a uma pequena borboleta. Ela bate asas, voa quando quer, mas sempre volta para pousar em nós, quando ela quer.

Para sua reflexão...

44
Paz

"A paz, meus filhos, não está nas coisas que temos. A paz está em nosso coração e em nossa cabeça, quando dormimos sabendo que mais um dia vai nascer e que nossos amores não vão morrer."

Pedro

Uma vez, chegou um moço muito triste à fazenda. Cheguei perto dele e perguntei:

— Meu filho, por que está tão triste? Você é novo, inteligente e tem tudo. Por que tanta tristeza?

Ele me escutou e disse:

— Eu não tenho paz, Pedro, por isso vim para cá. Estudei na França, me formei em Direito, mas não encontrei minha paz.

Dias depois, estava me recuperando de uma doença, quando aquele moço chegou e me perguntou:

— Pedro, como você consegue ter paz? Como consegue ser assim?

Olhei para ele e, com muito carinho, respondi:

— Meu filho, eu tenho paz porque olho para o céu e vejo as nuvens e o Sol. Olho para a terra e vejo as flores. Olho para a senzala e vejo alegria. Olho para dentro de mim e agradeço a Deus por me deixar nascer. Olho para a vida e vejo o quanto meus olhos podem ver. Carrego nos bolsos o que eles podem carregar. Pode olhar, meu filho.

Ele olhou para minha camisa velha e comentou:

— Mas, Pedro, seu bolso está cheio de terra.

— É a terra que eu posso carregar.

A paz, meus filhos, não está nas coisas que temos. A paz está em nosso coração e em nossa cabeça, quando dormimos sabendo que mais um dia vai nascer e que nossos amores não vão morrer. A paz é vista com olhos que queremos ver. Ela tem os olhos de Deus, por isso, às vezes, não a vemos. A paz nos faz esperar vir o que é nosso e não o que é do outro. A paz perdoa, dorme, anda e esquece. A paz é amor, que nos faz esquecer o que foi ruim e perdoar.

Para sua reflexão...

45

A cura pelo bem

"Meus filhos, não lamentem nada e não tenham raiva de ninguém, porque sempre há alguém que os ama muito."

Pedro

Meus filhos, certa época, ocorreu um surto de febre nas fazendas vizinhas. Todos ficaram desesperados, e o medo tomou conta do coração das pessoas. Mais da metade dos escravos morreu, e todos choraram a perda dos seus entes queridos.

Numa noite, sentei-me num tamborete para relaxar e pensar. Logo Mãezinha veio me chamar:

— Pedro, vamos lá em cima porque tem gente morrendo! Temos que correr, porque tem algumas ervas medicinais nessas plantações com as quais podemos fazer um chá para baixar a febre.

Então, fizemos o chá, e eu segui de fazenda em fazenda cuidando dos doentes. Não dava nem tempo de dormir. Eu cuidava, dava os remédios e orava com os doentes. No dia seguinte, com as bênçãos de Deus, todos estavam bem e de pé.

Esse surto de febre durou cerca de vinte dias, e eu só dormia um pouquinho enquanto tirava o leite de cabra. Eu misturava as ervas e fazia o chá. Enquanto a febre dos nossos irmãos baixava, eu prosseguia com as orações com eles.

O sacerdote da região, no entanto, não gostou disso e me denunciou. Os policiais chegaram e me levaram para a delegacia. O dono da fazenda foi junto. No caminho, o policial que me conhecia disse:

— Pedro, eu não queria, mas vou ter que te prender.

Quando entrei na prisão da delegacia, todos os presos esticaram os braços para me abraçar, porque já me conheciam. Fui com os bolsos cheios de ervas, e, quando cheguei lá, alguns presos estavam doentes. Logo, fiz um chá para curá-los. No dia seguinte, todos estavam sem febre. Quando o sol raiou, fui para meu julgamento na praça. Chegando lá, encontrei o padre que dizia que eu fazia coisas que não eram de Deus. Baixei a cabeça e fiquei quietinho. Quando não podemos falar, temos que ficar quietos. Muitas pessoas estavam na praça, inclusive algumas que curei com as ervas. Passei a noite no tronco. Ao meu lado, em espírito, estava o doutor Saul, que fazia o chá de ervas para curar as febres. Eu só colhia e guardava, mas era o doutor Saul quem preparava. Ele olhou para mim e disse baixinho:

— Ô, Pedro! Anjo de Deus, não olhe para os pés, olhe para o céu. Cada dor nas suas costas foi feita também nas minhas. Cada gota de sangue que escorreu de suas mãos eu recolhi com meu coração. Jesus dizia que perdoaria toda a ignorância dos homens, mas rogo a ele que perdoe a todos aqueles que lhe atiraram pedra, porque não sabem o que acontece pelas suas mãos, pelo seu olhar, pelo seu gesto de carinho, por quem você é. Onde você estiver, Pedro, eu estarei ao seu lado como aluno e aprendiz da disciplina mais complexa de todas elas, que é o amor. Portanto, cada vez que o couro ardia nas suas costas, eu me colocava entre você e o couro, para que saiba que as chibatas nas suas costas foram as mesmas nas minhas. Por isso, perdoe quem bate, quem critica, quem atira pedra, quem lhe faz mal, porque todos estão enfermos, não do corpo que você curou, mas do próprio coração.

Fiquei muito confortado com as palavras do doutor Saul. Na manhã seguinte, Mãezinha liderou um grupo de pessoas para protestarem contra minha prisão. O dono da fazenda foi até lá e me soltaram. Segui para a fazenda e coloquei uma camisa longa para ninguém ver meus ferimentos. Levantei as dobras da minha calça, enchi os bolsos de ervas e fui trabalhar.

Por isso, meus filhos, não lamentem nada e não tenham raiva de ninguém, porque sempre há alguém que os ama muito.

46
A hora certa

"Deus sabe o que precisamos. Teremos tudo o que tivermos de ter e na hora certa."

Pedro

Meus filhos, às vezes, é difícil passar pelos problemas da vida sem se desesperar.

Certo dia, na fazenda, Mãezinha se aproximou e me disse:

— Pedro! Ô, Pedro! Não temos comida para dar aos meninos. Já dei tudo o que tinha. Não sei mais o que fazer. Você pega os meninos e traz para cá, e eu que tenho que cuidar.

Realmente, eu pegava todos os meninos abandonados que via e levava para a senzala da fazenda. Alguns não tinham lar, e outros eram portadores de deficiência física. Não via distinção alguma. Levava todos para lá. Quando chegava à fazenda, Mãezinha sempre brigava comigo, mas logo também dava carinho a eles. Inclusive, as mães sabiam por onde eu iria passar, escondiam as crianças atrás das moitas, e eu só ouvia o som de choro. Imediatamente, abraçava a criança e a levava para a fazenda. Num belo dia, Simeão e eu recolhemos nove nenéns.

Depois de Mãezinha reclamar e lamentar não ter o que dar de comer para as crianças, pensei e orei:

— Ô, Jesus, como faremos agora? Não tenho nada para oferecer.

Logo que acabei de rezar, o dono da fazenda apareceu esbanjando felicidade e falou:

— Pedro, estou muito feliz! Vendi toda a plantação. Foi a melhor que nós tivemos. Por isso, resolvi lhe dar um saco de fubá. O vizinho também quer lhe emprestar uma vaca. Você fica com ela por uns dias e depois a devolvemos.

Aí quem ficou feliz fui eu. Com muita alegria, falei bem alto:

— Ô, Jesus, o Senhor é bom demais! Há alguns minutos, não tínhamos nada para oferecer às crianças e agora nós temos o que dar.

Chamei Mãezinha e Morena. Mãezinha não falou nada. Pegou os alimentos e levou para prepará-los. Passaram-se alguns dias, e eu fui conversar com ela. Cheguei perto dela e pedi:

— Filha, me dê a vaca para devolvê-la.

Ela ficou irritada e me respondeu:

— Não vou dar, não.

Insisti explicando:

— Por favor, me dê a vaca, pois preciso devolvê-la ao dono.

Ela negou novamente:

— Não vou dar, não. A vaca fugiu.

Não entendi nada e tornei a perguntar:

— Como a vaca fugiu se ela está ali?

Mãezinha olhou para mim e disse:

— Pedro, aquela ali é outra vaca.

Fui ao dono da fazenda vizinha para tentar explicar o que aconteceu. Aproximei-me dele e dei a notícia:

— Filho, a vaca sumiu. Procurei, mas não a encontrei. Acho que não poderei devolvê-la.

O moço olhou encarecidamente para mim e falou:

— Ô, Pedro, eu não lhe emprestei aquela vaca, não. Eu vou lhe dar. Afinal de contas, você me ajudou muito quando curou a febre de várias pessoas aqui na fazenda. A vaca é sua! Pode ficar com ela.

Voltei para a fazenda numa tristeza só. Encontrei Mãezinha e desabafei:

— Ô, Mãezinha, eu ganhei a vaca de presente, mas ela fugiu. Agora não a temos mais.

Mãezinha, espantada, me perguntou:

— Então, você é o dono da vaca?

— Não sou o dono da vaca porque ela fugiu. Você não me disse isso?

Depois de algumas horas, Mãezinha chegou com a novidade:

— Olhe, Pedro, o que eu achei. Ela estava deitada e escondidinha num cantinho.

Cheguei perto de Mãezinha e questionei baixinho:

— Ô, filha, você a escondeu, não foi?

Mãezinha confirmou:

— Sim, Pedro! Fiquei com medo de faltar leite para as crianças. Sou muito pecadora. Já emprestei tantas vacas que não eram minhas e escondi muitas. Será que, se eu morrer e reencarnar, vou ter que cuidar de vacas?

Olhei para os olhos dela e falei:

— Ô, filha, claro que não! O pecado existe quando nós não assumimos o que fazemos. Às vezes, a vida diz não para nós. Quando ela tira uma coisinha aqui e dá outra ali, isso acontece para que nós aprendamos que Deus sabe do que precisamos. Não há necessidade de mentir. É só esperar, porque a vaca que nós queremos, se for nossa, dará um jeito de chegar até nós, como essa chegou.

Então, meus filhos, Deus sabe o que precisamos. Teremos tudo o que tivermos de ter e na hora certa.

47

A espera e o equilíbrio

"Na vida, temos que aprender a esperar
e ter equilíbrio com as coisas."

Pedro

Meus filhos, Jesus ouve todos vocês! Às vezes, não temos paciência para esperar a resposta dele. Nosso Senhor Jesus Cristo falou da fé para nós, mas ainda não entendemos.

Num certo dia, na fazenda, Mãezinha me perguntou:

— Ô, Pedro, posso colher as laranjas?

— Filha, não está no tempo.

Mãezinha insistiu:

— Mas, Pedro, elas estão crescidas.

Na verdade, não se pode colher as laranjas verdes, porque elas ainda estão azedas.

Mãezinha continuou pedindo:

— Elas estão boas. Deixe-me colhê-las?

— Filha, espere mais um pouquinho.

No dia seguinte, fui ver os pés de laranja. Espantado, olhei para Simeão e perguntei:

— Cadê as laranjas? As laranjeiras, ontem mesmo, estavam cheias. Agora não tem nenhuma. Sumiram.

Simeão deu um sorriso e disse que uns pássaros poderiam ter vindo e levado as laranjas. Quando cheguei à fazenda, Simeão, Morena e Mãezinha não falavam nada. Passaram-se dois dias, e ninguém reclamava que estava com fome ou que não tinha nada para comer. Depois de quatro dias, vi um monte de casca de laranja. Chamei Mãezinha e perguntei:

— O que é isso aqui, filha?

Ela me disse que não sabia e que não havia visto aquelas cascas de laranja.

— Mas, filha, você colheu as laranjas verdes e deu para todos aqui?

Mãezinha admitiu:

— Pedro, todos estavam com fome. A laranja verde ou amarela iria fazer o mesmo efeito. Só iria mudar o gosto. Dei laranja verde para todo mundo, e todos ficaram felizes.

— Depois de ouvi-la, expliquei atentamente:

— Mas, filha, era só esperar mais um pouquinho.

Irritada, Mãezinha argumentou:

— Mas, Pedro, o que eu podia fazer? Todos estavam com fome.

Entendi o que ela disse, mas lembrei:

— Filha, há quatro dias deixei aqui cinco sacos de fubá.

Mãezinha confessou:

— Mas, Pedro, só fubá não dá. Fubá puro é muito ruim. Resolvi dar as laranjas junto com o fubá.

As laranjas deveriam ser colhidas quatro dias depois, tempo calculado para utilizar o fubá. Olhei novamente para Mãezinha e disse:

— Ô, minha filha, na vida, temos que aprender a esperar e ter equilíbrio com as coisas. Se você esperasse quatro dias, todos ficariam satisfeitos, porque comeriam o fubá e depois as laranjas. E agora? Como vamos fazer?

Mãezinha me olhou seriamente e respondeu:

— Não sei, Pedro. Mas que ficou muito bom a laranja com o fubá, isso ficou.

48

Viver a vida

"Na vida, temos que parar, chorar, sofrer, mas sempre devemos nos levantar e ver que ela nos chama para viver."

Pedro

Eu estava tão velho na fazenda, meus filhos, que às vezes eu batia a mão no peito para ter certeza de que meu coração estava batendo.

Num certo dia, chegou um moço que ficou hospedado na casa-grande durante uma semana. Mãezinha e Morena deram a notícia da chegada dele e me disseram que ele não saía de casa. Eu já havia reparado, mas tanto Mãezinha quanto Morena me perguntaram se eu não iria fazer nada quanto a isso. Sem saber o que dizer, perguntei o que eu poderia fazer. Elas não souberam responder. Aí expliquei que tudo na vida tem a hora certa de acontecer.

Depois de algumas horas, chegou o dono da fazenda para me apresentar ao moço:

— Pedro, vim lhe apresentar esse moço, que é filho de um amigo meu.

O moço estava numa tristeza tão grande que não parava de chorar. Ele sentou-se perto de mim e sussurrou:

— Pedro, a única coisa que me fez levantar da cama foi o fato de me convidarem para conhecê-lo.

Para descontrair, respondi ao moço:

— Mas, meu filho, eu sou feio demais e dou susto nas pessoas que me veem. E mesmo assim você queria me conhecer?

Ele completou:

— Sim, Pedro. Todo mundo fala de você aqui.

Eu abracei o moço e disse:

— Todo mundo fala que me conhece, mas eu não conheço ninguém.

Ele olhou para mim e tornou a chorar. Aí comentei:

— Está vendo? Sou feio, e todos que olham para mim acabam chorando.

O moço sentou-se perto de mim e colocou a cabeça no meu colo. Com muito cuidado, perguntei:

— Filho, por que você está tão triste?

— Pedro, eu vim de um lugar muito longe daqui, mais especificamente de Paris, na França. Por isso, meu sotaque francês.

Realmente, tinha coisas que ele falava que eu não entendia, mas preferi não entrar nesse assunto. Com um misto de amor e cuidado, tornei a perguntar:

— O que aconteceu, filho, para você vir até aqui?

Ele olhou nos meus olhos e confidenciou:

— Pedro, eu sou médico. Gostei muito de uma moça, que me traiu e se casou com um amigo meu. Ela me deixou no altar da igreja. Esperei, mas ela não apareceu. A vida perdeu o sentido para mim. Queria que Deus me tirasse dessa vida.

Abracei o moço, e, enquanto o consolava, Mãezinha nos interrompeu:

— Pedro, socorro! Cinco moças na senzala resolveram dar à luz ao mesmo tempo.

Pedi licença ao moço e levantei-me do banquinho em que estava sentado. Tinha que ajudar no nascimento das crianças, já que apenas eu e Morena sabíamos como fazer. Convidei o moço a ir comigo, e ele prontamente aceitou o convite. Então, lá fomos nós.

Quando chegamos, as moças estavam dando à luz em momentos distintos. Enquanto umas sentiam dores e contrações, outras estavam no processo final. O moço ajudava uma, orientava a outra, e depois de um tempo nasceram cinco meninos.

A noite veio. Sentamo-nos em uns banquinhos e apreciamos a linda lua que brilhava no céu. O moço estava pensativo, porque, embora fosse médico, nunca havia passado por tal experiência. Fomos dormir. Logo na manhã seguinte, o moço veio e me falou:

— Pedro, quero ir à senzala.

— Claro. Ajude-me a levar os baldes de leite que tirei das cabras. Vamos lá, filho!

O moço começou a cuidar dos recém-nascidos e das mamães. Orientava-as e medicava os filhos. Os dias se passaram. Numa noite, o moço se aproximou e deitou a cabeça no meu colo. Perguntei:

— Você está feliz?

E, chorando, ele me respondeu:

— Pedro, eu vim agradecê-lo. Passei meus dias com muita tristeza. Chorava o tempo todo, mas, quando vi os meninos nascendo, percebi que tudo passa. Hoje, estou feliz, e meu coração está preenchido.

Abracei o moço e disse:

— Filho, não há dor que dure para sempre. Ela sempre passa. Na vida, só perdemos o que não é nosso. Porque tudo que é nosso vem para nós, assim como a água do rio encontra um jeito de molhar os nossos pés.

Por isso, meus filhos, na vida, temos que parar, chorar, sofrer, mas sempre devemos nos levantar e ver que ela nos chama para viver.

Para sua reflexão...

49
A resiliência

> "O que importa é o que está dentro de nós, que é o nosso coração. E o nosso coração só sabe amar, a nossa cabeça só sabe rezar e as nossas mãos só sabem trabalhar."
>
> *Pedro*

Certo dia, eu estava sentado num banquinho na fazenda, quando chegou um moço alto. Simeão sempre comentava que todo mundo era muito maior que eu, mas esse rapaz, além de alto, era muito forte também. Ele se aproximou e perguntou:

— O senhor é o Pedro?

— Sim. Sou eu, filho.

Estava até assustado, porque nunca tinha visto aquele moço, que estava muito bem-vestido, com camisa de corte feito e botas novas. Ele olhou e falou:

— Seu Pedro?

Respondi novamente:

— Sim, mas pode me chamar de Pedro.

— Alguém pode chamar o dono da fazenda?

O dono da fazenda chegou. O moço mostrou uns documentos e mandou que eu os lesse. Logo expliquei a ele:

— Filho, sou bom em contar histórias. Nos números, também sou bom. Nunca perdi uma vaquinha. Mas, nas letras, meu filho, eu sou muito ruim. Não aprendi a ler.

Ele começou a ler o conteúdo dos documentos para o dono da fazenda. No fim, disse:

— Vim buscar o escravo Pedro. Ele vem comigo.

O rapaz explicou que tinha documentos que comprovavam que, quando eu cheguei ao Brasil, pertencia à outra fazenda. E, agora, essa fazenda me queria.

— Mas, meu filho, eu estou muito velho. Para que vou servir?

Mal acabei de falar, Mãezinha gritou:

— Não vai levar o Pedro, não! Pedro fica!

Todos na fazenda se aproximaram e ficaram perto de mim, impedindo que o moço me levasse. Aconteceu uma áspera discussão, e o advogado disse:

— Nós iremos para a cidade, e ele irá junto. Pedro passará a noite na prisão com outros escravos até que possamos decidir o que faremos com ele.

Mãezinha se revoltou e queria me defender a todo custo. Cheguei perto dela e falei:

— Filha, se acalme.

Quando disse isso, as moças ficaram mais bravas. E lá fui eu para a cidade.

Ao chegar à delegacia, fui para a cela. No caminho, os presos brigavam entre si para ficarem comigo. Só ouvia os gritos: "Pedro, é aqui", "Pedro, venha para cá". Colocaram-me numa cela cheia de escravos que seriam vendidos. Eles estavam numa revolta só. Havia um escravo que falava que um dia iria matar todo mundo. Eu dizia: "Só Jesus".

Sentei-me num cantinho da cela, e os escravos que me conheciam chegaram perto. Eu não me lembrava de ninguém. Passei a noite contando histórias, até que, de repente, o moço revoltado se aproximou. Quando vi, todos estavam sentados perto de mim. Eu contava minhas histórias, e eles riam.

— Meus filhos, na vida, nós não podemos carregar revolta no coração. Não importa o que é justo ou injusto. O que importa é termos alívio no coração.

Um escravo disse:

— Mas, Pedro, você está velho e está aí brigando para voltar para a lavoura na fazenda. Isso é justo? Nós estamos aqui. Isso é justo?

— Filho, você está vendo o céu pela janela? Se ele está ali é porque Deus quer que ele fique ali. Não podemos sofrer pela justiça dos outros. Precisamos ter paz no coração para entendermos que ninguém é igual a ninguém. Cada pessoa é diferente da outra. Não importa o que fizeram para nós. O que importa, meu filho, é que nós sobrevivemos a tudo o que nos aconteceu para depois contarmos a história. E se nós estamos juntos aqui, é porque Jesus quis que eu viesse aqui para vê-los.

Por isso, meus filhos, não se revoltem com as coisas, porque elas já passaram. Deus nos dá o céu escurinho para que amanhã o sol brilhe e torne o céu branquinho para nós. Não importa o que perdemos, porque o que perdemos na vida não é nosso. Se fosse nosso, não teríamos perdido.

Filhos, não importa a surra no lombo que nós tomamos; o que importa é que o lombo ficou mais duro para as outras surras que virão. Não importa nossa solidão no tronco; o que importa é que nós tínhamos as algemas nos punhos para conversar conosco. Não importa, filhos. O que importa é o que está dentro de nós, que é o nosso coração. E o nosso coração só sabe amar, a nossa cabeça só sabe rezar e as nossas mãos só sabem trabalhar.

Portanto, meus filhos, a revolta é uma doença, e a doença é a morte para nós. Vocês não querem ficar velhos como eu? Os escravos, numa só voz, disseram não. Eu lhes disse, então, que viver é bom demais. O amor de viver é bom. Só não é bom quando não sabemos viver.

A noite passou, amanheceu, e os moços continuaram comigo. O policial veio, abriu a cela e perguntou:

— Quem é Pedro?

— Sou eu, senhor.

O policial se aproximou e disse:

— Tudo está resolvido. Pedro, você vai ficar com o dono da fazenda com quem ficou a vida inteira.

Quando estava saindo, escutei os gritos vindos das celas: "Pedro, não vá!", "O Pedro é nosso". Saí pensando naqueles filhos que ficaram lá. Abençoei a todos, inclusive os policiais e o delegado.

No caminho de volta para a fazenda, olhei para o dono e perguntei:

— Você não está precisando de alguns escravos no campo? Lá na prisão há trinta escravos muito bons. Por que não os leva para a fazenda?

O dono da fazenda foi à delegacia, e, quando eu vi, havia mais trinta escravos lá comigo. Todos foram viver na fazenda.

Assim é a vida, meus filhos. Tudo na vida tem solução.

Para sua reflexão...

50
Flores do coração

"Como sempre faço, coloco flores no coração dos seus amores. Todos os seus amores sempre recebem flores, dão um beijo nelas, as põem no coração e se lembram de vocês com muito amor."

Pedro

Às vezes, meus filhos, a vida parece um soprar de vento sem rumo, e assim era lá na fazenda. Era bom ver o céu, era bom ver as coisas, mas, de vez em quando, o vento soprava fundo e tocava nosso coração.

E é assim que eu pego as flores do jardim de Jade. É assim que, todos os dias, separo as flores para vocês, encarnados. É assim que levo as flores para os seus amores, que estão desencarnados, e as deixo nas cabeceiras das mesas perto de onde eles estão em Jade.

Certa vez, levei uma flor para uma moça sorridente. Ela segurou minha mão e disse:

— Pedro! Ô, Pedro! Eu tive tantos filhos, mas tive somente um coração. Por favor, leve a flor até ele e diga que é a mesma flor que ele colocou na minha mesa na última vez que me viu.

Fui até o amor dessa moça e entreguei a flor.

Como sempre faço, coloco flores no coração dos seus amores. Todos os seus amores sempre recebem flores, dão um beijo nelas, as põem no coração e se lembram de vocês com muito amor.

Para sua reflexão...

Encarte

Amados amigos, com o objetivo de contribuir com os estudos que complementam este livro, compartilhamos com vocês os itens 1 a 15, presentes no capítulo XVI de *O Evangelho Segundo o Espiritismo*[3], que nos apoiam na compreensão da essência de Pedro, esse amado benfeitor, e também é um roteiro para O Evangelho no Lar. Aproveitamos ainda para deixar aqui a importante mensagem do benfeitor Emmanuel sobre o Culto Cristão no Lar[4]:

> O culto do Evangelho no lar não é uma inovação. É uma necessidade em toda parte,

---

3 KARDEC, Allan. **O Evangelho Segundo o Espiritismo**. 2. ed. Tradução: Evandro Noleto Bezerra. FEB, 2014.

4 Nota da Médium: Mensagem "Culto Cristão no Lar" pelo Espírito Emmanuel do livro *Instrumentos do Tempo*, obra mediúnica psicografada pelo médium Francisco Cândido Xavier.

onde o Cristianismo lance raízes de aperfeiçoamento e sublimação.

A Boa-Nova seguiu da Manjedoura para as praças públicas e avançou da casa humilde de Simão Pedro para a glorificação no Pentecostes.

A palavra do Senhor soou, primeiramente, sob o teto simples de Nazaré e, certo, se fará ouvir, de novo, por nosso intermédio, antes de tudo, no círculo dos nossos familiares e afeiçoados, com os quais devemos atender às obrigações que nos competem no tempo.

Quando o ensinamento do Mestre vibre entre as quatro paredes de um templo doméstico, os pequeninos sacrifícios tecem a felicidade comum.

A observação impensada é ouvida sem revolta.

A calúnia é isolada no algodão do silêncio.

A enfermidade é recebida com calma.

O erro alheio encontra compaixão.

A maldade não encontra brechas para insinuar-se.

E aí, dentro desse paraíso que alguns já estão edificando, em benefício deles e dos outros, o estímulo é um cântico de solidariedade incessante; a bondade é uma fonte inexaurível de paz e entendimento; a gentileza é inspiração de todas as horas; o sorriso é a senha de cada um e a palavra permanece revestida de luz, vinculada ao amor que o Amigo Celeste nos legou.

Somente depois da experiência evangélica do lar, o coração está realmente habilitado para distribuir o pão divino da Boa-Nova, junto da multidão, embora devamos o esclarecimento amigo e o conselho santificante aos companheiros da romagem humana em todas as circunstâncias.

Não olvidemos, assim, os impositivos da aplicação com o Cristo, no santuário familiar, onde nos cabe o exemplo de paciência, compreensão, fraternidade, serviço, fé e bom ânimo, sob o reinado legítimo do amor, porque, estudando a Palavra do Céu em quatro Evangelhos que constituem o Testamento da Luz, somos, cada um de nós, o Quinto Evangelho inacabado, mas vivo e atuante, que estamos escrevendo com os próprios testemunhos, a fim de que a nossa vida seja uma revelação de Jesus, aberta ao olhar e à apreciação de todos, sem necessidade de utilizarmos muitas palavras na advertência ou na pregação.

O Evangelho Segundo o Espiritismo

Allan Kardec

Capítulo XI - Itens 1 a 15

Amar o próximo como a si mesmo

O mandamento maior. Fazermos aos outros o que gostaríamos que os outros nos fizessem. Parábola dos Credores e dos Devedores • Dai a César o que é de César • *Instruções dos Espíritos*: A lei de amor – O egoísmo – A fé e a caridade – Caridade para com os criminosos – Deve-se expor a vida por um malfeitor?

O mandamento maior. Fazermos aos outros o que gostaríamos que os outros nos fizessem. Parábola dos Credores e dos Devedores

1. *Os fariseus, tendo sabido que Ele fechara a boca aos saduceus, reuniram-se; e um deles, que era doutor da lei, propôs-lhe esta questão,*

para o tentar: Mestre, qual é o mandamento maior da lei? — Jesus respondeu: *Amarás o Senhor teu Deus de todo o teu coração, de toda a tua alma e de todo o teu espírito; este é o maior e o primeiro mandamento. E aqui tendes o segundo, semelhante a esse: Amarás o teu próximo, como a ti mesmo. Toda a lei e os profetas se acham contidos nesses dois mandamentos*. (Mateus, 22:34 a 40.)

2. *Fazei aos homens o que gostaríeis que eles vos fizessem, pois é nisto que consistem a lei e os profetas.* (Mateus, 7:12.)

Tratai todos os homens como gostaríeis que eles vos tratassem. (Lucas, 6:31.)

3. *O Reino dos Céus é comparável a um rei que quis tomar contas aos seus servidores. Tendo começado a fazê-lo, apresentaram-lhe um que lhe devia dez mil talentos. Mas como não tinha meios de os pagar, mandou seu senhor que o vendessem a ele, sua mulher, seus filhos e tudo que lhe pertencesse, para pagamento da dívida. O servidor, lançando-se aos seus pés, o conjurava, dizendo: "Senhor, tem um pouco de paciência e eu te pagarei tudo". — Então o senhor, tocado de compaixão, deixou-o ir*

e lhe perdoou a dívida. Esse servidor, porém, ao sair, encontrou um de seus companheiros, que lhe devia cem dinheiros, o segurou pela goela e, quase a estrangulá-lo, dizia: "Paga o que me deves". — O companheiro, lançando-se aos seus pés, o conjurava, dizendo: "Tem um pouco de paciência e eu te pagarei tudo". — Mas o outro não quis escutá-lo; foi-se e o mandou prender, para tê-lo preso até pagar o que lhe devia.

Os outros servidores, seus companheiros, vendo o que se passava, foram, extremamente aflitos, e informaram o senhor do que acontecera. Então, o senhor, tendo mandado vir à sua presença aquele servidor, lhe disse: "Mau servo, eu te havia perdoado tudo o que me devias porque me pediste. — Não estavas desde então no dever de também ter piedade do teu companheiro, como eu tive de ti?". — E o senhor, tomado de cólera, o entregou aos verdugos, para que o detivessem, até que ele pagasse tudo o que devia.

É assim que meu Pai, que está no Céu, vos tratará, se não perdoardes, do fundo do coração, as faltas que vossos irmãos houverem cometido contra cada um de vós. (Mateus, 18:23 a 35.)

4. "Amar o próximo como a si mesmo: fazer pelos outros o que gostaríamos que os outros fizessem por nós", é a expressão mais completa da caridade, porque resume todos os deveres do homem para com o próximo. Não podemos encontrar guia mais seguro, a tal respeito, do que tomar, como medida do que devemos fazer aos outros, aquilo que desejamos para nós mesmos. Com que direito exigiríamos dos nossos semelhantes melhor proceder, mais indulgência, mais benevolência e devotamento para conosco, do que os temos para com eles? A prática dessas máximas tende à destruição do egoísmo. Quando os homens as adotarem como regra de conduta e como base de suas instituições, compreenderão a verdadeira fraternidade e farão com que entre eles reinem a paz e a justiça. Não mais haverá ódios nem dissensões, mas apenas união, concórdia e benevolência mútua.

Dai a César o que é de César

5. *Os fariseus, tendo-se retirado, entenderam-se entre si para comprometê-Lo com as*

suas próprias palavras. — *Mandaram então seus discípulos, em companhia dos herodianos, dizer-lhe: "Mestre, sabemos que és verdadeiro e que ensinas o caminho de Deus pela verdade, sem levares em conta a quem quer que seja, porque, nos homens, não consideras as pessoas."* — *Dize-nos, pois, qual a tua opinião sobre isto: É-nos permitido pagar ou deixar de pagar a César o tributo?*

Jesus, *porém, que lhes conhecia a malícia, respondeu: "Hipócritas, por que me tentais? Apresentai-me uma das moedas que se dão em pagamento do tributo".* — E, tendo-lhe eles apresentado um denário, perguntou Jesus: "De quem são esta imagem e esta inscrição?" "De César" — responderam eles. Então, observou-lhes Jesus: "Dai, pois, a César o que é de César e a Deus o que é de Deus".

Ouvindo-o falar dessa maneira, admiraram-se eles da sua resposta e, deixando-o, se retiraram. (Mateus, 22:15 a 22; Marcos, 12:13 a 17.)

6. A questão proposta a Jesus era motivada pela circunstância de que os judeus, abominando o tributo que os romanos lhes impunham, haviam feito do pagamento desse tributo uma

questão religiosa. Numeroso partido se fundara contra o imposto. O pagamento do tributo, portanto, era para eles uma questão irritante de atualidade, sem o que nenhum sentido teria a pergunta feita a Jesus: "É-nos lícito pagar ou deixar de pagar a César o tributo?" Havia nessa pergunta uma armadilha, porque, conforme a resposta dada por Jesus, os fariseus excitariam contra Ele a autoridade romana, ou os judeus dissidentes. Mas Jesus, "que lhes conhecia a malícia", contornou a dificuldade, dando-lhes uma lição de justiça, ao dizer que a cada um seja dado o que lhe é devido. (Veja-se, na "Introdução", o item Publicanos.)

7. Esta sentença: "Dai a César o que é de César", não deve ser entendida de modo restritivo e absoluto. Como em todos os ensinos de Jesus, há nela um princípio geral, resumido sob forma prática e usual e deduzido de uma circunstância particular. Esse princípio é consequente daquele segundo o qual devemos proceder para com os outros como gostaríamos que os outros procedessem conosco. Ele condena todo prejuízo material e moral que se possa causar a outrem, toda violação de seus

interesses. Prescreve o respeito aos direitos de cada um, como cada um deseja que se respeitem os seus. Estende-se mesmo aos deveres contraídos para com a família, a sociedade, a autoridade, tanto quanto para com os indivíduos em geral.

Instruções dos Espíritos

A lei de amor

8. O amor resume a doutrina de Jesus inteira, porque é o sentimento por excelência, e os sentimentos são os instintos elevados à altura do progresso feito. Em sua origem, o homem só tem instintos; quanto mais avançado e corrompido, só tem sensações; mais instruído e depurado, tem sentimentos. E o ponto delicado do sentimento é o amor, não o amor no sentido vulgar do termo, mas esse sol interior que condensa e reúne em seu ardente foco todas as aspirações e todas as revelações sobre-humanas. A lei de amor substitui a personalidade pela fusão dos seres; extingue as misérias sociais. Feliz aquele que, ultrapassando a sua

humanidade, ama com amplo amor os seus irmãos em sofrimento! Feliz aquele que ama, porque não conhece a miséria da alma nem a do corpo; seus pés são ligeiros e vive como que transportado, fora de si mesmo. Quando Jesus pronunciou a divina palavra — amor —, os povos sobressaltaram-se e os mártires, ébrios de esperança, desceram ao circo.

O Espiritismo, por sua vez, vem pronunciar uma segunda palavra do alfabeto divino. Ficai atentos, pois essa palavra ergue a lápide dos túmulos vazios, e a *reencarnação*, triunfando da morte, revela às criaturas deslumbradas o seu patrimônio intelectual. Já não é ao suplício que ela conduz os homens, mas à conquista do seu ser, elevado e transfigurado. O sangue resgatou o Espírito e hoje o Espírito tem que resgatar o homem da matéria.

Eu disse que o homem, em sua origem, só tem instintos. Aquele, pois, em que predominam os instintos, ainda se acha mais próximo do ponto de partida do que da meta. A fim de avançar para a meta, é preciso vencer os instintos, em proveito dos sentimentos, isto é, aperfeiçoar estes últimos, sufocando os germes latentes da matéria. Os instintos são a germinação e os embriões do sentimento; trazem consigo o progresso, como a bolota encerra em si o carvalho e os seres menos adiantados são os que, emergindo pouco a pouco de suas crisálidas, se conservam escravizados aos instintos. O Espírito precisa ser cultivado, como um campo. Toda a riqueza futura depende do labor atual que, muito mais que os bens terrenos, vos fará conquistar a elevação gloriosa. É então que, compreendendo a lei de amor que liga todos os seres, nela buscareis os suaves gozos da alma, que são o prelúdio das alegrias celestes. – Lázaro. (Paris, 1862.)

9. O amor é de essência divina e todos vós, do primeiro ao último, tendes no fundo do coração a centelha desse fogo sagrado. É um fato que muitas vezes pudestes constatar: por mais abjeto, vil e criminoso que possa ser, o homem dispensa, a um ser ou a um objeto qualquer, uma afeição viva e ardente, à prova de tudo quanto tendesse a diminuí-la, alcançando, muitas vezes, sublimes proporções.

Eu disse por um ser ou um qualquer, porque existem, entre vós, indivíduos que dispensam tesouros de amor, cujos corações estão transbordantes desse sentimento em relação a animais, plantas e, até, a coisas materiais: espécies de misantropos a se lamentarem da Humanidade em geral e a resistirem ao pendor natural de suas almas, que buscam em torno de si a afeição e a simpatia, rebaixam a lei de amor à condição de instinto. Entretanto, por mais que façam, não conseguem sufocar o germe vivaz que Deus depositou em seus corações ao criá-los. Esse germe se desenvolve e cresce com a moralidade e a inteligência e, embora oprimido muitas vezes pelo egoísmo, torna-se a fonte de santas e doces virtudes que constituem as afeições sinceras e duráveis e vos ajudam a transpor o caminho escarpado e árido da existência humana.

Para algumas pessoas, a prova da reencarnação causa verdadeira repugnância, em razão da possibilidade de que outras venham a partilhar das afetuosas simpatias de que são ciosas. Pobres irmãos! O vosso afeto vos torna egoístas; o vosso amor se restringe a um círculo íntimo de parentes e de amigos, sendo-vos indiferentes os demais. Pois bem! Para praticardes a lei de amor, tal como Deus o entende, é preciso que chegueis passo a passo a amar a todos os vossos irmãos indistintamente. A tarefa é longa e difícil, mas será realizada: Deus o quer, e a lei de amor constitui o primeiro e o mais importante preceito da vossa nova doutrina, porque é ela que um dia matará o egoísmo, seja qual for a forma sob a qual ele se apresente, visto que, além do egoísmo pessoal, há também o egoísmo de família, de casta, de nacionalidade. Disse Jesus: "Amai o vosso próximo como a vós mesmos". Ora, qual é o limite com relação ao próximo? Será a família, a seita, a nação? Não; é a Humanidade inteira. Nos mundos superiores, é o amor mútuo que harmoniza e dirige os Espíritos adiantados que os habitam, e o vosso planeta, destinado a um progresso que se aproxima, verá seus habitantes, em virtude da transformação social por que passará, a praticar essa lei sublime, reflexo da Divindade.

Os efeitos da lei de amor são o melhoramento moral da raça humana e a felicidade durante a vida terrestre. Os mais rebeldes e os mais viciosos se reformarão, quando observarem os benefícios resultantes da prática desta sentença: Não façais aos outros o que não gostaríeis que os outros vos fizessem; fazei, ao contrário, todo o bem que puderdes fazer-lhes.

Não acrediteis na esterilidade e no endurecimento do coração humano; ele cederá, a despeito de si mesmo, ao amor verdadeiro. É um ímã a que não lhe é possível resistir. O contato desse amor vivifica e fecunda os germes dessa virtude, que está em vossos corações em estado latente. A Terra, morada de exílio e de provas, será então purificada por esse fogo sagrado e nela se praticarão a caridade, a humildade, a paciência, o devotamento, a abnegação, a resignação e o sacrifício, isto é, todas as virtudes que são filhas do amor. Não vos canseis, pois, de escutar as palavras de João, o Evangelista. Como sabeis, quando a enfermidade e a velhice o obrigaram a suspender o curso de suas pregações, ele se limitava a repetir estas doces palavras: "Meus filhos, amai-vos uns aos outros".

Amados irmãos, aproveitai essas lições; sua prática é difícil, mas a alma retira delas um bem imenso. Crede-me, fazei o sublime esforço que vos peço: "Amai-vos", e logo vereis a Terra transformada num paraíso em que as almas dos justos virão repousar. – Fénelon. (Bordeaux, 1861.)

10. Meus caros condiscípulos, os Espíritos aqui presentes vos dizem, por meu intermédio: Amai muito, a fim de serdes amados. Esse pensamento é tão justo que nele encontrareis tudo o que consola e acalma as penas de cada dia; ou melhor: praticando esse sábio conselho, elevar-vos-eis de tal modo acima da matéria que vos espiritualizareis antes de deixardes o vosso envoltório terrestre. Havendo os estudos espíritas desenvolvido em vós a compreensão do futuro, já tendes uma certeza: a de caminhardes para Deus, vendo realizadas todas as promessas que correspondem às aspirações de vossa alma. Por isso, deveis elevar-vos bem alto para julgardes sem as constrições da matéria, e não condenardes o vosso próximo, antes de terdes dirigido o pensamento a Deus.

Amar, no sentido profundo do termo, é ser leal, probo, consciencioso, para fazer aos outros aquilo que se desejaria para si mesmo; é procurar em torno de si o sentido íntimo de todas as dores que acabrunham os vossos irmãos, para suavizá-las; é considerar como sua a grande família humana, porque essa família todos a encontrareis, dentro de certo período, em mundos mais adiantados, já que os Espíritos que a compõem são, como vós, filhos de Deus, marcados na fronte para se elevarem ao infinito. É por isso que não podeis recusar aos vossos irmãos o que Deus vos dá com tanta prodigalidade, porque, de vossa parte, muito vos alegraria que vossos irmãos vos dessem aquilo de que necessitais. Para todos os sofrimentos, tende, pois, sempre uma palavra de esperança e de amparo, a fim de que sejais todo amor, todo justiça.

Crede que esta sábia exortação: "Amai bastante, para serdes amados", abrirá caminho; ela é revolucionária e segue uma rota firme e invariável. Mas já ganhastes muito, vós que me ouvis; sois infinitamente melhores do que éreis há cem anos. Mudastes tanto, em proveito vosso, que aceitais sem contestação uma porção de ideias novas sobre a liberdade e a fraternidade, que outrora teríeis rejeitado. Ora, daqui a cem anos, aceitareis com a mesma facilidade as que ainda não puderam entrar no vosso cérebro.

Hoje, quando o Movimento Espírita tem dado tão grandes passos, vede com que rapidez as ideias de justiça e renovação, contidas nos ditados dos Espíritos, são aceitas pela parte mediana do mundo inteligente. É que essas ideias correspondem a tudo o que há de divino em vós; é que estais preparados para uma sementeira fecunda: a do século passado, que implantou no seio da sociedade as grandes ideias de progresso. E, como tudo se encadeia sob a direção do Altíssimo, todas as lições recebidas e aceitas virão a encerrar-se na permuta universal do amor ao próximo. Graças a Ele, os Espíritos encarnados, melhor apreciando e sentindo, se estenderão as mãos, de todos os confins do vosso planeta. Reunir-se-ão para se entenderem e amarem, para destruírem todas as injustiças, todas as causas de malquerença entre os povos.

Grandes ideias de renovação pelo Espiritismo, tão bem descritas em *O Livro dos Espíritos*, produzirão o grande milagre do século vindouro, o de conciliar todos os interesses materiais e espirituais do homem, pela aplicação deste preceito bem compreendido: Amai bastante, para serdes amados. – Sanson, ex-membro da Sociedade Espírita de Paris. (1863.)

O egoísmo

11. O egoísmo, esta chaga da Humanidade, tem que desaparecer da Terra, porque impede o seu progresso moral. É ao Espiritismo que está reservada a tarefa de fazê-la elevar-se na hierarquia dos mundos. O egoísmo é, pois, o alvo para o qual todos os verdadeiros crentes devem apontar suas armas, suas forças, sua coragem. Digo: coragem, porque é preciso mais coragem para vencer a si mesmo, do que para vencer os outros. Que cada um, portanto, empregue todos os esforços a combatê-lo em si, certo de que esse monstro devorador de todas as inteligências, esse filho do orgulho é a fonte de todas as misérias terrenas. É a negação da caridade e, por conseguinte, o maior obstáculo à felicidade dos homens.

Jesus vos deu o exemplo da caridade e Pôncio Pilatos o do egoísmo, pois quando o justo vai percorrer as santas estações de seu martírio, Pilatos lava as mãos, dizendo: “Que me importa!" E diz aos judeus: "Este homem é justo, por que quereis crucificá-lo?" Entretanto, deixa que o conduzam ao suplício.

É a esse antagonismo entre a caridade e o egoísmo, à invasão do coração humano por essa chaga moral que se deve atribuir o fato de não haver ainda o Cristianismo desempenhado, por completo, a sua missão. Cabe a vós, novos apóstolos da fé, que os Espíritos superiores esclarecem, o encargo e o dever de extirpar esse mal, a fim de dar ao Cristianismo toda a sua força e desobstruir o caminho dos obstáculos que lhe embaraçam a marcha. Expulsai o egoísmo da Terra, para que ela possa gravitar na escala dos mundos, pois já é tempo de a Humanidade envergar sua veste viril; e, para isso, é preciso que primeiro o expulseis dos vossos corações. – Emmanuel. (Paris, 1861.)

12. Se os homens se amassem com mútuo amor, a caridade seria mais bem praticada, mas, para isso, seria preciso que vos esforçásseis por largar essa couraça que cobre os vossos corações, a fim de se tornarem eles mais sensíveis aos sofrimentos alheios. A rigidez mata os bons sentimentos; o Cristo não se escusava; não

repelia aquele que o buscasse, fosse quem fosse: socorria a mulher adúltera, como o criminoso; nunca temeu que a sua reputação sofresse com isso. Quando, pois, o tomareis por modelo de todas as vossas ações? *Se a caridade reinasse na Terra, o mau não imperaria nela; fugiria envergonhado; ocultar-se-ia, visto que em toda parte se acharia deslocado. O mal então desapareceria, ficai bem certos.*

Começai vós mesmos por dar o exemplo; sede caridosos para com todos indistintamente, esforçai-vos por não atentar nos que vos olham com desdém e deixai a Deus o encargo de fazer toda a justiça, porque a cada dia, em seu Reino, Ele separa o joio do trigo.

O egoísmo é a negação da caridade. Ora, sem a caridade não haverá descanso para a sociedade humana. Digo mais, não haverá segurança. Com o egoísmo e o orgulho, que andam de mãos dadas, a vida será sempre uma carreira em que vencerá o mais esperto, uma luta de interesses, em que as mais santas afeições serão espezinhadas, em que nem os sagrados laços da família são respeitados. – Pascal. (Sens, 1862.)

A fé e a caridade

13. Disse-vos há pouco, meus queridos filhos, que a caridade, sem a fé, não basta para manter entre os homens uma ordem social capaz de os tornar felizes. Deveria ter dito que a caridade é impossível sem a fé. É certo que podeis encontrar impulsos generosos em pessoas sem religião. Mas essa caridade austera, que só se pratica com abnegação, por um constante sacrifício de todo interesse egoístico, somente a fé pode inspirá-la, porque só ela nos faz carregar com coragem e perseverança a cruz desta vida.

Sim, meus filhos, é em vão que o homem ávido de prazeres procure iludir-se sobre o seu destino na Terra, pretendendo que deva ocupar-se unicamente com a sua felicidade. Certamente, Deus nos criou para sermos felizes na eternidade; entretanto, a vida terrena deve servir apenas ao nosso aperfeiçoamento moral, que se adquire mais facilmente com o auxílio dos órgãos físicos e do mundo material. Sem levar em conta as vicissitudes ordinárias da vida, a diversidade dos gostos, dos pendores e das necessidades, é esse também um meio de vos aperfeiçoardes, exercitando-vos na caridade. Com efeito, só a poder de concessões e sacrifícios mútuos podeis manter a harmonia entre elementos tão diversos.

No entanto, tereis razão se afirmardes que a felicidade se acha destinada ao homem nesse mundo, desde que a busqueis no bem, e não nos prazeres materiais. A história da cristandade fala de mártires que se encaminhavam alegres para o suplício. Hoje, na vossa sociedade, para serdes cristãos, não há necessidade do holocausto, do martírio, nem do sacrifício da vida, mas única e exclusivamente o sacrifício do vosso egoísmo, do vosso orgulho e da vossa vaidade. Triunfareis, se a caridade vos inspirar e a fé vos sustentar. – Espírito protetor. (Cracóvia, 1861.)

Caridade para com os criminosos

14. A verdadeira caridade é um dos mais sublimes ensinamentos que Deus deu ao mundo. Completa fraternidade deve existir entre os verdadeiros discípulos da sua doutrina. Deveis amar os infelizes, os criminosos, como criaturas

de Deus, às quais o perdão e a misericórdia serão concedidos, se se arrependerem, como também a vós, pelas faltas que cometeis contra a sua Lei. Considerai que sois mais repreensíveis, mais culpados do que aqueles a quem recusardes perdão e comiseração, visto que, na maioria das vezes, eles não conhecem Deus como o conheceis, sendo-lhes pedido muito menos do que a vós.

Não julgueis, oh! Não julgueis absolutamente, meus caros amigos, porque o juízo que proferirdes vos será aplicado com mais severidade ainda e precisais de indulgência para os pecados que incorreis a todo instante. Ignorais que há muitas ações que são crimes aos olhos do Deus de pureza e que o mundo nem sequer considera como faltas leves?

A verdadeira caridade não consiste apenas na esmola que dais, nem mesmo nas palavras de consolação que lhe acrescentais. Não, não é apenas isso o que Deus exige de vós. A caridade sublime ensinada por Jesus também consiste na benevolência de que useis sempre e em todas as coisas para com o vosso próximo. Podeis ainda exercitar essa virtude sublime com relação a seres que não necessitam das vossas esmolas, mas que algumas palavras de amor, de consolo e de encorajamento conduzirão ao Senhor.

Os tempos estão próximos, repito, em que a grande fraternidade reinará nesse globo, em que os homens obedecerão à Lei do Cristo, única Lei que será freio e esperança e conduzirá as almas às moradas bem-aventuradas. Amai-vos, pois, como filhos do mesmo Pai; não estabeleçais diferenças entre os outros infelizes, porque Deus quer que todos sejam iguais; não desprezeis a ninguém. Deus permite que haja grandes criminosos entre vós, a fim de que vos sirvam de ensinamento. Em breve, quando os homens estiverem submetidos às verdadeiras Leis de Deus, já não haverá necessidade desses ensinos: *todos os Espíritos impuros e revoltados serão banidos para mundos inferiores, de acordo com as suas inclinações*.

Deveis àqueles de quem falo o socorro das vossas preces: é a verdadeira caridade. Nunca digais de um criminoso: "É um miserável; deve-se expurgar a Terra da sua presença; a morte que lhe infligem é muito branda para um ser de tal espécie". Não, não é assim que deveis falar. Observai o vosso modelo, Jesus. Que diria Ele, se visse esse infeliz junto de si? Lamentá-lo-ia; considerá-lo-ia como um doente bem digno de piedade; estender-lhe-ia a mão. Na verdade, não podeis fazer o mesmo, mas, pelo menos, podeis orar por ele, assistir o seu Espírito durante os breves instantes que ainda lhe restem passar na Terra. O arrependimento pode tocar seu coração, se orardes com fé. É tanto vosso próximo, quanto o melhor dos homens; sua alma, transviada e revoltada, foi criada, como a vossa, para se aperfeiçoar; ajudai-o, pois, a sair do lamaçal e orai por ele. – Elizabeth de França. (Le Havre, 1862.)

Deve-se expor a vida por um malfeitor?

15. *Um homem se acha em perigo de morte; para o salvar, outro tem que expor a vida por ele. Sabe-se, porém, que aquele é um malfeitor e que, se escapar, poderá cometer novos crimes. Apesar disso, o outro deve arriscar-se para o salvar?*

Esta é uma questão muito grave e que naturalmente se pode apresentar ao espírito. Responderei, de acordo com o meu adiantamento moral, já que se trata de saber se se deve expor a vida, mesmo por um malfeitor. O devotamento é cego; socorre-se um inimigo; deve-se, portanto, socorrer o inimigo da sociedade, numa palavra, a um malfeitor. Julgais que é somente à morte que se arranca esse infeliz? É, talvez, a toda a sua vida passada. Imaginai que nos rápidos instantes que lhe arrebatam os derradeiros minutos de vida, o homem perdido volta ao seu passado ou que, antes, este se ergue diante dele. A morte, talvez, lhe chegue cedo demais; a reencarnação poderá ser terrível. Lançai-vos, então, ó homens; vós a quem a ciência espírita esclareceu; lançai-vos, arrancai-o à sua danação e, talvez esse homem, que teria morrido a blasfemar, se lançará nos vossos braços. Todavia, não deveis indagar se o fará, ou não; socorrei-o, porque, salvando-o, obedeceis a essa voz do coração, que vos diz: "Podes salvá-lo, salva-o!" – Lamennais. (Paris, 1862.)

O Evangelho no Lar[5]

"Pois onde dois ou três estiverem reunidos em meu nome, ali estou eu no meio deles."

Mateus, 18:20

O que é o Evangelho no Lar?

Trata-se do estudo do Evangelho de Jesus em reunião familiar, realizado no ambiente doméstico.

Objetivos:

Unir as criaturas, proporcionando uma convivência de paz e tranquilidade.

Higienizar o lar com nossos pensamentos e sentimentos elevados, permitindo facilitar o auxílio dos mensageiros do bem.

---

5 Nota da Médium: o sintético aqui apresentado sobre O Evangelho no Lar foi elaborado pelo Núcleo Espírita Lar de Henrique.

Proporcionar no Lar e fora dele o fortalecimento necessário para enfrentar dificuldades materiais e espirituais, mantendo ativos os princípios da oração e vigilância ("Orai e Vigiai").

Elevar o padrão vibratório dos familiares, a fim de que possam contribuir para a construção de um mundo melhor.

Orientações:

Escolha uma hora e um dia da semana em que seja possível a presença de todos da família ou daqueles que desejarem participar.

A observação cuidadosa da hora e do dia estabelece um compromisso de pontualidade com a espiritualidade, garantindo a assistência espiritual.

A duração da reunião pode ser de, aproximadamente, trinta minutos ou mais, dependendo de cada família.

Não suspender a prática do Evangelho em função de visitas, passeios adiáveis ou acontecimentos fúteis.

Providenciar uma jarra com água para fluidificação, para ser servida no fim da reunião.

No Evangelho no Lar não devem ocorrer manifestações mediúnicas. A sua finalidade básica é o estudo do Evangelho de Jesus para o aprendizado Cristão, a fim de que seus participantes melhor se conduzam na jornada terrena. Os casos de mediunidade indisciplinada devem ser encaminhados a uma sociedade espírita idônea.

Roteiro:

1. Prece inicial

Pai-Nosso ou uma prece simples e espontânea, valorizando os sentimentos e não as palavras, solicitando a direção divina para a reunião.

2. Leitura

Leitura em sequência de um trecho de *O Evangelho Segundo o Espiritismo*, começando na primeira página, incluindo prefácio, introdução e notas.

Leitura complementar de um livro espírita de mensagens.

3. Comentários

Devem ser breves e esclarecer e facilitar a compreensão dos ensinamentos e sua aplicação na vida diária.

4. Vibrações

Fazer vibrações é emitir sentimentos e pensamentos de amor, paz e harmonia, obedecendo a este roteiro básico e acrescentando as vibrações particulares, de acordo com as necessidades.

Em tranquila serenidade e confiantes no Divino Amigo Jesus, vibremos:

Pela paz na Terra, pelo nosso Brasil, pelos nossos governantes, pela expansão do Evangelho, pelo nosso local e pelos companheiros de trabalho, pelos nossos vizinhos, pelos nossos amigos, pelo nosso lar, pelos nossos familiares e por nós mesmos.

Graças a Deus.

5. Prece final

Pai-Nosso ou uma prece espontânea de agradecimento, solicitando a fluidificação da água e convidando os amigos espirituais para a reunião da semana seguinte.

VIDA & CONSCIÊNCIA
EDITORA

Rua das Oiticicas, 75 – SP
55 11 2613-4777

contato@vidaeconsciencia.com.br
www.vidaeconsciencia.com.br